SÜDITALIEN

Kampanien · Apulien · Basilicata · Kalabrien

Photographie: Martin Thomas
Text: Bene Benedikt, Birgit Kraatz
Mit Prosaskizzen von Tommaso Di Ciaula
Bucher

Wir danken dem Verlag Klaus Wagenbach, Berlin,
für die freundliche Genehmigung der auszugsweisen Veröffentlichung von
Tommaso Di Ciaula, «Das Bittere und das Süße».

Bildkonzeption: Martin Thomas, Axel Schenck
Bilddokumentation: Robert Fischer
Lektorat: Heribert Däschlein, Dieter Löbbert
Graphische Gestaltung: Peter Schmid
Herstellung: Angelika Kerscher

Vorsatz: Bucht von Neapel, 1876
Haupttitel: Amalfiküste
Ausklapptafeln:
Seite 14: Relief in Ercolano
Seite 62: Portal der Kirche Gesù Núova, Neapel
Seite 114: Turmuhr des Doms von Gravina di Puglia
Seite 166: Fresko der Kirche Cattolica, Stibo
Hintersatz: Paestum, um 1870

© 1986 by Verlag C. J. Bucher GmbH,
München
Sonderausgabe 1994
Alle Rechte vorbehalten
Printed and bound in Italy
ISBN 3 7658 0898 9

Inhalt

Geschichte und Kunst in Süditalien

Italiens Süden hat seine archaische Ursprünglichkeit noch nicht ganz verloren. Zwar gibt es Ferienzentren und Industriereviere – aber Eichendorffs «alte Wundergeschichten» sind hier lebendiger als anderswo in Italien. Odysseus, Herakles und Äneas sind ebenso gegenwärtig wie die römischen Cäsaren, der Gotenheld Alarich, über dessen Grab die Busentowogen schäumen, wie der Stauferkaiser Friedrich II. oder der Freiheitsheld Giuseppe Garibaldi.

Der Reisende begegnet in Süditalien noch überraschenden Zeugnissen einer mehr oder minder «guten alten Zeit»: Maultierreitern ebenso wie rudernden Fischern oder kaum verblichenen Duce-Grußadressen und Hinweisschildern auf Chinin-Abgabestellen, die daran erinnern, daß die Küsten des Südens jahrhundertelang, bis vor wenigen Jahrzehnten, Brutstätten der Malaria waren. So ist es kein Wunder, daß Süditalien für viele Mailänder oder Florentiner der wilde, unbekannte, «dunkle» Teil des Landes bleibt, der *Mezzogiorno*, der irgendwo hinter Rom beginnt und kurz vor Afrika endet. – Sind dies nur Vorurteile?

Süditalien: Das sind die vier großen Regionen Kampanien, Basilicata, Kalabrien und Apulien und das kleine Molise, das erst seit 1963 von den Abruzzen unabhängig ist.

Kampanien ist die Region um Neapel, hinter deren Küsten sich Vesuv und Apenninkette erheben. Das einsamste und wildeste Bergland nimmt die Basilicata ein, die seit alters her auch Lukanien genannt wird. Ihre urtümliche Kargheit hat Carlo Levi in seinem Buch «Christus kam nur bis Eboli» geschildert. Jedoch besitzt die Basilicata auch zwei schöne Küstenstreifen: am nordwestlichen Tyrrhenischen und am südöstlichen Ionischen Meer. Die Spitze des «Stiefels», zwischen diesen beiden Meeren, ist die Region Kalabrien. Dort verästelt sich das bergige Rückgrat der Halbinsel und bildet Querriegel: Monte Pollino, Große und Kleine Sila und Aspromonte. Das sind dichtbewaldete Gebiete, die man so grün und frisch im Mittelmeerraum gar nicht erwartet. «Sporn» und «Absatz» des «Stiefels» nimmt die Region Apulien ein. Sie war neben Sizilien das Kernland der Normannen und Staufer in Süditalien. Apulien fällt in flachen Stufen zum Adriatischen und Ionischen Meer hin ab und ist daher seit jeher ein verkehrsgünstiges Sprungbrett ins östliche Mittelmeer. Nur der vorspringende «Sporn», Gargano, ist ein unzugänglicher Bergklotz mit vielen Buchten und Klippen. Nördlich davon liegt zwischen Apennin und Adria das agrarisch geprägte Molise.

Der Landweg stellt noch immer die klassische Route Richtung Süditalien dar – auf einer der *Autostradas* oder einer der großen Eisenbahnlinien. Jede mögliche Strecke hat einen eigenen Höhepunkt. Und jeder dieser Höhepunkte ist ein Tor zum Süden und zugleich der Schlüssel zu einer bestimmten Epoche seiner Geschichte.

Vorgeschichte und Großgriechenland

Die Küstenstraße von Rom nach Neapel ist einer der vielen Wege nach Süditalien. Etwa auf halber Höhe zwischen den beiden Metropolen läuft sie auf einem hohen Damm entlang – links die Lagunen, rechts das offene Meer. Im Dunst der Ferne taucht eine zart geschwungene Berglinie auf und verdichtet sich beim Näherkommen zu einem massiven Kap.

SÜDITALIEN

Grab des Vergil. Der Dichter der «Äneis» starb 19 v. Chr. in Brindisium (Brindisi) und wurde bei Neapel begraben. Sein Großepos enthält eine fundamentale historische Deutung: Der Untergang Trojas führt zum Aufstieg Roms, der lateinischen Welt (1780).

Das ist das Capo San Felice Circeo, die antike Insel Aiaia, der Wohnsitz der Zauberin Circe, die einst Odysseus' Gefährten als Schweine in die Koben trieb, dem Listenreichen jedoch nichts anhaben konnte. Immerhin war ihr Zauber so stark, daß er ein Jahr lang bei ihr blieb, einen Sohn mit ihr zeugte – vielleicht die ersten griechischen Nachkommen in Süditalien...

Aber nicht nur von der Mythologie her gesehen ist San Felice Circeo einer der Schlüssel zur Frühgeschichte Süditaliens. Schon vor rund zweihunderttausend Jahren lebten hier Urmenschen von dem Typus, den wir als Neandertaler kennen. In einer der Höhlen des Kaps wurde ein Schädel mit vorspringenden Augenwülsten und fliehender Stirn gefunden. Über Tausende von Generationen hinweg nomadisierten diese frühen Italiener als Jäger und Sammler und hinterließen nur in Höhlen ihre Spuren. Sie siedelten in sicherer Entfernung vom Wasser in einer Grotte, die heute nur knapp über den Wellen liegt, denn das Küstengebirge hat sich seitdem um rund hundert Meter gesenkt. Ähnliche Spuren der Urmenschen fanden sich auch in den Grotten um Capo Palinuro im südlichen Kampanien, bei Venosa in der Basilicata und in der Grotta Romanelli bei Otranto in Apulien, wo die Küste noch heute in viele Buchten und Höhlen zerrissen ist.

Menschliche Siedlungen im eigentlichen Sinn lassen sich erst nach dem Ende der letzten Eiszeit nachweisen, also etwa ab 10000 v. Chr. Diese Menschen waren uns schon recht ähnlich. Sie benutzten nicht nur feinere und vielgestaltigere Steinwerkzeuge als ihre Vorfahren, sondern hinterließen auch schon Felsbilder und Ritzzeichnungen an Höhlenwänden oder auf Knochen und kleinen Steinen. Sie sind der Beweis dafür, daß diese Siedler sich nicht mehr ausschließlich um den Nahrungserwerb kümmern mußten, sondern schon so etwas wie kreative Muße und einen im weitesten Sinn religiösen Antrieb besaßen, Abbilder ihrer Beutetiere zu schaffen, um sich dadurch das Jagdglück zu sichern. Beispiele sind Grotten bei

Tempel der Venus in Baia. Das antike Baiae wurde nach Baios, dem Gefährten des Odysseus benannt (1876).

Nardó in Apulien oder die seit kurzem zugängliche Grotta del Romito* bei Mormanno im südlichen Kalabrien. Sie zeigt einen fast picassohaft abstrahierten Stier in halber natürlicher Größe, der vor zehn- oder fünfzehntausend Jahren tief und sorgfältig in einen flachen Steinblock vor der Tropfsteinhöhle graviert wurde, in der ein flacher Altar- oder Opfertisch zu sehen ist.

Im Neolithikum, also etwa ab 5000 v. Chr., hatte sich Italiens Küstenlinie im großen und ganzen auf die heutige Gestalt gesenkt. In jener Zeit trafen neue Siedler ein, die wahrscheinlich mit Schiffen die Adria überquert hatten und sich vor allem in Apulien als Bauern und Viehzüchter niederließen. Sie hielten Schafe und Schweine – zunehmend auch Rinder –, säten Weizen, Gerste und Linsen und waren damit schon einen großen kulturellen Schritt weiter als die Jäger und Sammler, da sie sich ihre Nahrung planvoll selbst schaffen konnten. Sie errichteten bereits Hütten mit Steinfundamenten, die sich im Schutz eines Wallgrabens zu Runddörfern scharten. Sie fertigten Töpferwaren und verzierten sie mit eingeritzten oder eingedrückten Mustern, später auch mit farbigen Bändern oder geometrischen Ornamenten.

Die ältesten Gefäße fanden sich im nördlichen Apulien – vor allem bei Manfredonia und Molfetta. Die zweite Phase wird mit der Stadt Matera in der nordöstlichen Basilicata in Verbindung gebracht, da die zahllosen Höhlen in und um Matera, von denen manche noch heute bewohnt sind, die meisten Funde bargen. Sie tragen Ritzornamente in einer neuen Sgraffitotechnik, die erst nach dem Brand angebracht wurden. Diese Technik war zur gleichen Zeit in Griechenland geläufig; sie breitete sich bis Sorrent und Capri aus.

* Anfang der achtziger Jahre wurde eine Fahrstraße zur Grotte gebaut, die bei dem Hof des Bauern endet, auf dessen Grund die Grotte liegt und der auch die Besucher dorthin führt: Von der Ausfahrt Mormanno-Scalea der Autostrada A 3 Neapel–Reggio acht Kilometer in Richtung Küste. Gegenüber der Abzweigung nach Avena weist ein gelbes Schild zur Grotta, die weitere 3,8 holprige Kilometer (oder 15 Minuten Fahrzeit) entfernt ist.

Die Werkzeuge waren jedoch noch einfache Klingen, Schaber und Äxte aus Stein, die nur immer kunstfertiger geschliffen wurden. Mehr und mehr kamen auch härtere Steine aus Norditalien oder der glasartige Vulkanstein Obsidian in Gebrauch – der auf der italienischen Halbinsel gar nicht vorkommt. Er mußte aus Lipari, von den Pontinischen Inseln, aus Pantelleria oder Sardinien importiert werden – ein Beweis, wie rege damals schon die Handelsbewegungen im Mittelmeerraum waren.

Etwa um das Jahr 3000 v. Chr. läßt sich eine neue Wanderung auf der Apenninhalbinsel nachweisen, die Langozzakultur, die, von Norditalien ausgehend, neue Techniken und Waffen in den Süden brachte: Spinnräder und Webstühle, aber auch Pfeil- und Speerspitzen, die die Jagd wesentlich erleichterten.

Rund tausend Jahre später folgten weitere Stämme, die von Norden kamen und schon die ersten, einfachen Kupfergegenstände gebrauchten. Sie wußten die Vorteile ihrer neuartigen Waffen gut einzusetzen und eroberten sich mit Gewalt neue Wohnstätten. Die runde Form ihrer Schädel weist auf eine Herkunft aus dem westlichen Balkangebiet; das Erz ihrer Waffen ist in Böhmen geschmolzen worden, wie dessen chemische Zusammensetzung verriet.

Diese frühe Kupfer- und beginnende Bronzezeit hat in Süditalien Kammergräber hinterlassen, in denen die Toten mit reichen Beigaben bestattet wurden. Zu ihrem Gedenken errichteten diese rundschädeligen Einwanderer im südlichen Apulien Dolmen und Menhire, die eine deutliche Verwandtschaft zu den megalithischen Monumentalbauten auf Malta zeigen. Ein ganzes Dutzend von Dolmen hat sich rund um Otranto, der östlichsten Stadt Italiens, erhalten; ein einzelner steht unweit östlich der Autobahnraststätte zwischen Molfetta und Trani – ein Menhir bei Cannae.

In den nächsten Jahrhunderten lernten die Menschen, immer bessere und präzisere Werkzeuge anzufertigen; sie legierten Kupfer mit Zinn und schufen die ersten Bronzegeräte.

Auch kleinere Täler abseits der überlieferten Hauptverkehrswege durch den Apennin wurden besiedelt; es entstand die einheitliche Apenninkultur, die um 1500 die ganze Halbinsel prägte. Vielerlei Sorten von Getreide und Gemüse wurden angebaut; die Haustiere ähnelten schon weitgehend den unsrigen, auch scheint sich die Wanderschafhaltung allmählich auszubreiten: Die Tiere grasen sommers auf den würzigen Hochgebirgsweiden und ziehen winters in die milden Küstenebenen zurück. Noch heute läßt sich das Netz der jahrhunderte-, ja jahrtausendealten Wanderwege der Herden, der *tratturi*, durch ganz Süditalien verfolgen – vor allem in Apulien, in Molise und in den Abruzzen, deren weite Ebenen und Hügelländer sich hierfür besser eignen als die kleinteilige Gebirgslandschaft Kalabriens mit ihren schmalen Tälern und engen Mündungsebenen.

Die Apenninkultur entsprach jedoch nicht einem einzigen Volk; vielmehr bildeten sich gerade ab 1500 die Siedlungsgebiete der verschiedenen italienischen Stämme aus, deren ungefähre Grenzen bis in die Römerzeit Bestand hatten: Messapier und Iapyger in Apulien, Sikeler und Kalabrer in Kalabrien, Lukaner in der Basilicata und Ausoner in Kampanien.

All diese Stämme trieben intensiven Handel untereinander und mit den übrigen Kulturen im Mittelmeergebiet: So lassen sich deutliche minoische und mykenische Einflüsse nachweisen, etwa durch importierte Gefäße und Geräte, aber auch an stilistischen Details des eigenen Handwerks.

Und hier begegnet die nüchterne Historie wieder den Spuren der Mythologie. Denn Dädalus, der fliegend dem kretischen König Minos entflohen war und dabei seinen Sohn Ikarus verloren hatte, war in Kampanien gelandet und hatte am Hof des sizilischen Königs Kokalus Asyl gefunden. Minos, der ihn verfolgte, wurde an Kokalus' Hof scheinheilig empfangen und umgebracht. Sein Heer erlitt auf dem Rückweg in Apulien Schiffbruch und gründete Hyria, das heutige Oria bei Tarent. Auch Herakles war in Süditalien unterwegs: Er

zog mit der Rinderherde des Geryon durch ganz Italien, schwamm einem Ausreißer nach
Sizilien nach, kämpfte mit dem König von Eryx um den Stier und die Herrschaft und kam so
an die Insel.

Nach dem Ende des Trojanischen Kriegs, das auf das Jahr 1184 v. Chr. datiert wird,
hinterließ nicht nur Odysseus, sondern auch Äneas seine Landmarken an Süditaliens Küsten:
Der Grieche war Gast des windbeherrschenden Äolus auf dessen Inseln und der Zauberin
Circe, er stieg am Averner See bei Neapel in den Hades hinab, begrub im nahen Baia seinen
Gefährten Baios und durchquerte zwischen Scylla und Charybdis die Straße von Messina.
Der Trojaner landete nach siebenjähriger Irrfahrt und einer gescheiterten Stadtgründung auf
Kreta zuerst auf Sizilien, wo er Aecestes – Segesta – gründete, dann aber nach dem Willen und
der Prophezeiung doch weiterziehen mußte. Er fuhr an der Küste entlang nach Norden und
verlor seinen Steuermann Palinuro, der schlafend ins Meer stürzte und am nach ihm
benannten Kap bestattet wurde. Auch sein Herold Misenus starb auf der Fahrt: Seine
Gedenkstätte ist, wie Vergil berichtet, das Capo Miseno – hat es doch von Norden her
gesehen genau die Kegelstumpfform des Tumulus, die die Römer ihren Großgräbern, etwa
der «Engelsburg», zu geben pflegten. Auch der Zypressenring fehlt nicht! Äneas landete
schließlich, ehe er in Latium das neue Troja erbauen konnte, in Kyme (Cuma), wo die Sibylle
mit ihm in die Unterwelt hinabstieg und ihm das Schicksal seines Volkes weissagte.

Kyme muß ein uraltes Heiligtum sein, denn schon Dädalus soll nach seiner geglückten
Flucht aus Kreta hier seine Flügel geopfert haben. Das Orakel war wohl auch eine der ältesten
Kultstätten des Apollo in Italien, und wahrscheinlich war die kleine, wehrhafte Akropolis
von Kyme schon zur Zeit des Handels mit Mykene ein befestigter Umschlagplatz, der nicht
nur Waren, sondern auch kulturelle Einflüsse vermittelte. So überrascht es nicht, daß gerade
hier Großgriechenland seinen Ursprung hat – also jene Kolonisationsbewegung, die zwi-

schen 800 und 500 v. Chr. Süditaliens Küsten mit einem dichten Netz blühender Pflanzstädte überzog.

Der Hafen von Neapel. Als Neapolis (Neustadt) wurde Italiens drittgrößte Stadt im 5. Jahrhundert v. Chr. von griechischen Kolonisten gegründet (1780).

Kurz nach 800 v. Chr. gründeten oder befestigten Auswanderer aus Euböa Kyme als erste griechische Stadt auf dem italienischen Festland. Vorausgegangen war, so ermittelte die jüngste Forschung, eine Siedlung auf der Insel Pythekussa (Ischia) als Basis. Kyme war aber auch ein entscheidender Ausgangspunkt für die Entstehung der heutigen Kultur des Abendlands: Die Kolonisten brachten ihre Schrift mit – die auf Euböa entwickelte Form des griechischen Alphabets –, die die italienischen Völker übernahmen und die sich allmählich zu unserer Schrift weiterentwickelte. Auch der Ursprung des Namens «Griechen» geht auf Kyme zurück: Einige der Siedler gehörten dem kleinen Stamm der Graii an, die das griechische Festland gegenüber von Euböa bewohnten. Die italienischen Nachbarn machten daraus «Graikoi», die Römer schließlich «Graeci» und gaben damit den verschiedenen Hellenenstämmen, die noch kein Volksgefühl einte, einen zusammenfassenden Namen.

Daß die griechische Erschließung Süditaliens gerade hier begann, verwundert auf den ersten Blick: Nicht ein naher Trittstein zur Heimat war die erste Kolonie, sondern der fernste Punkt, der auch in Zukunft der letzte Stützpunkt vor dem Herrschaftsbereich der Etrusker blieb. Diese waren wehrhafte Seefahrer, deren Einflußbereich zeitweise bis Capri und Salerno reichte. Da beide Völker vom Handel lebten und nicht, wie später die Römer, danach trachteten, straff geführte Flächenstaaten zu organisieren, brachte die Überschneidung der Einflußsphären zunächst mehr Vorteile mit sich als Anlässe zu Reibereien. Partner und gleichzeitig Konkurrenten der Etrusker und Griechen waren die Karthager, die den Westen Siziliens beherrschten.

Von Kyme aus vollzog sich die Hellenisierung Süditaliens in zwei Stufen: Zunächst entstanden von Griechenland aus Zwischenstationen auf dem Weg in die Heimat, dann

Der Hafen von Pozzuoli. «Kleines Rom» nannte Cicero die wichtigste Handelsstadt der Römer. Nach einer Zeichnung von J. D. Harding, 1832.

Ableger der Kolonien selbst. Am Anfang standen die Pflanzstädte der Euböer und der anderen Griechenstämme, die ebenfalls vom Verkehr auf den vielbefahrenen Handelswegen profitieren wollten. Außerdem hatten viele griechische Stadtstaaten nicht mehr genug Platz für ihre Bewohner und nicht mehr genug Ackerland für deren Ernährung, so daß eine Auswanderung unumgänglich war. Wieder waren es Euböer, die um 740 Rhegion – Reggio – und wenig später Naxos bei Taormina gründeten; ein Jahr später begannen die Korinther, weiter südlich eine kleine Insel zu befestigen, aus der dann die reiche Großstadt Syrakus werden sollte. Achäer legten an der Ostküste Kalabriens 721 die Grundsteine zu Sybaris und 710 zu Kroton – Crotone. Auch das kriegerisch-nüchterne Sparta, das wenig Interesse am Anhäufen beweglicher Reichtümer zeigte und wohl auch die oftmals schwärmerische Aufbruchstimmung in die «Neue Welt» nicht mitgetragen hat, mochte nicht zurückstehen. Mit verläßlichem Herrscherinstinkt sicherte es sich den besten Hafen von ganz Süditalien: Tarent, dessen große, ringsum geschützte Bucht, das *mare piccolo*, nur durch einen schmalen Kanal an der befestigten Siedlung vorbei zu erreichen war. (Der heutige zweite, östliche Kanal ist gerade erst fünfhundert Jahre alt.) Durch die einmalige Lage, das fruchtbare Hinterland und die aggressiven Handelsbräuche der Neuspartaner wurde Tarent im fünften und vierten Jahrhundert zu einer der mächtigsten und reichsten Städte Großgriechenlands.

Die zweite Stufe der Kolonisierung ging von den Pflanzstädten selbst aus: Nach wenigen Jahrzehnten der Konsolidierung waren sie ihrerseits kräftig und oft auch schon bevölkert genug, eigene Niederlassungen ins Leben zu rufen: Kyme gründete schon bald die «Neustadt» Neapolis, das heutige Neapel, und zusammen mit Euböern das im Schnittpunkt der Handelswege gelegene Zanklé (Messina) an der Nordostspitze Siziliens. Sybaris dehnte mit Poseidonia (Paestum) und Laos seinen Einfluß auf die Westküste aus, Tarent schuf das benachbarte Gallipoli und die Hafenstadt Otranto am östlichsten Punkt Apuliens.

Fortsetzung Seite 25

13

In Süditalien ist am stärksten jene späte, nicht-antike, orientgesättigte Mittelmeerkultur verspürbar, wie sie Volk und Kunst ganz Italiens überströmte. Von Arabien, vom Normannenhof her versteht man besser die gebogenen Gassen, die Musik der Ausrufer, die Wachttürme, das Minarett als Campanile, die polychromen Teppich-Dome, das echtest-italienische Verona noch hoch im Norden; und Florenz, die bisherige Regel, wird zur Ausnahme. Noch heute aber ist das neapolitanische Volksleben dem Baedeker genauso ärgerlich wie die Brunnenschale vor der Spanischen Treppe in Rom, wie das «geschmacklose» Tabernakel Berninis in der Peterskirche. Heute aber auch hat doch neue Malweise den Sinn für Ineinander, ja für Omnia ubique erschlossen, für eine nicht nur antikische Haltung und den Adel anderer Kulturen, in Italien prächtig versammelt.

Ernst Bloch

Legenden zu den Bildern 1 bis 25

PROLOG ZUM SÜDEN: ROM UND LATIUM
Seite 17 bis 24

1 Rom, Kapitolsplatz. Im Vordergrund einer der beiden Dioskuren der späten Kaiserzeit.

2 Blick vom Petersdom. Berninis weit geschwungene Kolonnaden umrahmen die Piazza San Pietro. In der Platzmitte der antike Obelisk.

3 Piazza di Spagna mit der in malerischer Bewegung zur Kirche Trinita dei Monte (Dreifaltigkeitskirche) führenden Spanischen Treppe.

4 Die Basilika von Monte Cassino. Der heilige Benedikt gründete 529 n. Chr. dieses Kloster, das als Wiege des Benediktinerordens im 11. Jahrhundert zu einem Zentrum der Wissenschaften und Kunst wurde.

5 Fontänen im Garten der Villa d'Este. Der zwischen Rom und Tivoli gelegene Landsitz wurde vor allem durch seine phantasiereiche Parkanlage berühmt. Sie entstand nach 1550 im Auftrag des Kardinals Ippolito d'Este.

KAMPANIEN 1: CAPRI UND DIE AMALFIKÜSTE
Seite 33 bis 52

6 Capri. Der Felsvorsprung Punta Carena, vom dreihundert Meter hoch gelegenen Aussichtspunkt La Migliara aus gesehen.

7 Blick auf Capri, den Hauptort der ruhmreichen Insel im Sattel des Gebirgszugs, der die Insel von Norden nach Süden durchzieht.

8 bis 10 Stimmungsbilder von Anacapri. Die im Westen der Insel gelegene Stadt war schon zur Römerzeit ihrer Schönheit wegen hoch geschätzt. Die schattigen Gassen, die Gärten hinter den weißen Häusern bewahren die Stille einer vergangenen Welt.

11 Piazza Umberto I, der kurz «La Piazza» genannte Mittelpunkt der Stadt Capri.

12 Faraglioni werden die drei Zyklopen-Felsen genannt, die im Süden Capris aus dem Meer ragen.

13 Im Hafen der Stadt Capri.

14 Positano, die von Künstlern geliebte Terrassenstadt am Golf von Sorrent, im November.

15 Eingebettet in die Felshänge des Golfs von Salerno: Amalfi, älteste Seerepublik Italiens. In der Bildmitte der Dom Sant'Andrea aus dem 11. Jahrhundert.

16 Ravello, hoch über dem Golf bei Amalfi. Im Bild die Terrasse der Villa Rufolo. Illustre Gäste, auch Richard Wagner, wohnten hier.

17, 18 Belvedere Cimbrone, der durch seine Ausblicke auf den Golf einzigartige Garten der Villa Cimbrone in Amalfi.

19 Blick auf Amalfi. Im Vordergrund die Spitze des Doms Sant'Andrea.

20 Die sechzig Stufen der Freitreppe führen zum Dom von Amalfi mit seiner romanisch-byzantinischen Mosaikfassade.

21 Weiße Häuser zwischen den Felsen – Küstenansicht im Golf von Salerno.

22 Der Torre o' Scarpariello bei Castiglione, nahe der Adriaküste.

23 Atrani, Fischerort mit der Kirche San Salvatore aus dem 11. Jahrhundert.

24 Ischia Ponte, ein Fischerdorf auf der Insel Ischia. Im Hintergrund das Kastell Aragonese aus dem 15. Jahrhundert.

25 Auf der Insel Procida: der Hafen von Chiaiolella.

Prolog zum Süden:
Rom und Latium

Kampanien 1:
Capri und die Amalfiküste

So entstand eine dichte Kette griechischer Städte, die sich freilich nie zu einem zusammen-hängenden Staats- oder Siedlungsgebiet zusammenschlossen. Sie waren Handelsstützpunkte mit günstigen Häfen und einem fruchtbaren Umland. Die alteingesessenen Bewohner wurden vertrieben oder unterworfen und zu Grundhörigen gemacht, sofern sie sich nicht in das gebirgige, schwer zugängliche Binnenland zurückzogen.

Die Gründung einer neuen Stadt erfolgte nie zufällig, sondern stets nach Plan und Rat des Orakels zu Delphi oder Kyme – das beweist noch heute das Stadtwappen von Crotone, das den Dreifuß der Pythia mit zwei Schlangen zeigt. Wie sehr der Rat des Orakels dem politischen Kalkül des «Geheimdienstes der Apollopriester» folgte, kann freilich nur noch gemutmaßt werden. Allwissend war die Sibylle jedenfalls nicht: Der Überlieferung nach sollen manche Kolonisten nach ein paar Jahren frustriert wiedergekommen sein, weil der zugewiesene Platz einfach nicht geeignet war. Aber beim zweiten Versuch gab es wohl nie Probleme. Wie die Prophezeiungen verkündet wurden, ist in Cuma heute noch sicht- und durch die ehrfurchtgebietende Akustik sogar erlebbar: Ein langer, düsterer Gang mit trapezförmigem Querschnitt – der Tholos –, der aus dem Felsen geschlagen ist, führt zu einer kleinen Kammer, in der die Priesterin dem Apoll die Stimme lieh.

In der Mitte des sechsten Jahrhunderts hatten die griechischen Siedlungen ihre Hochblüte erreicht – und damit wurden auch die Rivalitäten untereinander immer gewalttätiger: So wandten sich Locri und Sybaris gemeinsam gegen den alten Rivalen Kroton und schlugen ihn im Jahr 550 vernichtend. Locris Stadtarchiv, eine Sammlung kleiner Bronzetafeln, hatte wohl den Sieg überliefert. Ein Teil dieser Tafeln wurde ausgegraben und ist im Museum von Reggio zu sehen. Die innergriechischen Zwiste ermutigten aber auch die Feinde von außen: 540 besiegte eine vereinte Flotte der Etrusker und Karthager vor Korsika die griechischen Phokäer, um sich die Vorherrschaft im Tyrrhenischen Meer zu sichern. Die Rückschläge waren aber nicht von langer Dauer: Die griechischen Währungen waren so stabil, daß sie jahrzehntelang ihren Wert nicht änderten, und ab 530 kursierten die ersten Silbermünzen. Auch Kroton gewann in dieser Ära der Prosperität rasch die alte Bedeutung zurück – und zog sich ebenso rasch wieder den Haß Sybaris' zu. Diese Stadt war damals berühmt – nicht etwa wegen ihrer kriegerischen Verdienste, sondern wegen ihres Wohllebens: Noch heute steht «Sybarit» gleichbedeutend für «Schlemmer», und die alten Schriftsteller erzählen von schattenspendenden Baldachinen über den Straßen, von zahllosen Festen und gefeierten Köchen, sogar von Dampfbädern – Jahrhunderte vor den römischen Thermen! Sybaris war damit aber nicht zufrieden; im Jahr 510 fand sich ein Grund, Kroton den Krieg zu erklären. Die Schlacht war, kurz gesagt, ein Fiasko für die Übermacht der Sybariten, die mit purpur- und safranfarbenen Roben über den Rüstungen angetreten sein sollen ... Krotons Rache war vollkommen: Die Sieger leiteten den Fluß Crati um und ließen ihn über die Trümmer von Sybaris hinwegrauschen, die erst vor wenigen Jahren geortet und unter der meterdicken Geröllschicht ausgegraben werden konnten.

Ebenfalls 510 wurden die etruskischen Könige aus Rom vertrieben; 474 endete nach einer Seeschlacht gegen die Griechen vor Kyme ihr Einfluß in Kampanien – Rom konnte beginnen, seinen Interessenbereich über Mittelitalien hinaus zu erweitern. Sechs Jahre zuvor hatte Syrakus den karthagischen Feldherrn Hamilkar vernichtend geschlagen – im selben Jahr 480, in dem die Hellenen die Perser vor Salamis abgewehrt hatten. Syrakus dehnte danach seine Machtsphäre auf die kalabrischen Griechen aus, baute einen «Limes» über den Isthmus von Catanzaro und unterwarf schließlich auch Kroton, das damit seine Vormachtstellung verlor. Tarent übernahm die Nachfolge. Nur eine Säule ist von seinem berühmten Tempel der Hera Lacinia übriggeblieben, den einst ein großer heiliger Hain umschloß. Sie ist die einzige griechische Säule in ganz Kalabrien, die noch aufrecht steht!

Gegen Ende des fünften Jahrhunderts begann allmählich der Niedergang Großgriechen-lands: Zunächst bröckelte sein Herrschaftsbereich an der Nordflanke ab, in die italische

Stämme immer tiefer vordrangen. 421 eroberten die Samniten Kyme, das von nun an Cuma hieß, und im Jahr 400 wurde Paestum lukanisch. Der Niedergang der Griechenstädte führte schließlich zu einer Eingliederung Süditaliens ins Römische Reich. Manche Städte verschwanden dabei völlig von der Weltkarte: Locri, Laos oder später auch Metapont. Gründungen in strategischer Lage, womöglich noch mit sicherem Hafen, behielten bis ins 20. Jahrhundert ihre Bedeutung: Tarent, Reggio und Neapel oder Gallipoli und Otranto.

Um seine kulturelle Eigenständigkeit hatte Großgriechenland immer kämpfen müssen. So rege die Handelsbeziehungen zwischen dem Mutterland und den Tochterstädten waren, so einseitig war der Strom der religiösen und kulturellen Gedanken. Vieles wurde aus Hellas importiert oder in Italien von zugewanderten Hellenen geschaffen. Das gilt nicht nur für die bildende Kunst, deren schönste Beispiele wir im sakralen Bereich finden – wie den tempelbekrönenden Reiter von Locri –, sondern auch für die Philosophie: Xenophon kam aus Kleinasien und ließ sich in Elea (Velia) im südlichen Kampanien nieder; Pythagoras floh vor dem Tyrannen Polykrates aus Samos nach Kroton, von wo aus seine Denkschule das ganze griechische Süditalien prägte.

Die griechischen Kunstschätze in den Museen Süditaliens sind weniger ein genaues Spiegelbild der Kolonien als vielmehr ein Teil der klassischen griechischen Kultur, die wir kaum durch Originale kennen: Marmorkopien sind es, die unser Bild von der griechischen Plastik tragen; Kopien, die oft erst in römischer Zeit entstanden sind. Antike Bronzefiguren sind äußerst rar – das Mittelalter hat die heidnischen «Götzenbilder» in fromme Kirchenglocken oder kaum weniger fromme Kanonen verwandelt…

So sind die beiden «Helden von Riace», die im Sommer 1972 vor Kalabriens Ostküste auf dem Grund des Meeres gefunden wurden, eine doppelte Sensation: Zum einen gibt es kaum vergleichbare Kunstwerke aus dem fünften Jahrhundert, auf das sie zweifelsfrei datiert werden konnten, zum zweiten sind die beiden jungen Männer von einer derart realistischen Ausdruckskraft, die geradezu erotisierend wirkt. Die überlebensgroßen Figuren stellen Krieger dar. Sie tragen in der rechten Hand einen Speer und über dem linken Arm den Schild. Die Waffen selbst sind freilich verschwunden, auch die Bronzehelme über den dazu leicht deformierten Köpfen. Augen, Zähne, Lippen, Wimpern und Brustwarzen sind aus Elfenbein, Silber und Kupfer. Die Forschung vermutet, daß sie in der Mitte des fünften Jahrhunderts als Weihegeschenk für das Orakel von Delphi geschaffen wurden, um des Sieges über die Perser bei Marathon im Jahr 490 v. Chr. zu gedenken. Dann wäre der strengere Held «B» das Abbild des siegreichen Feldherrn Miltiades und der jugendliche Schöne «A» mit der Löwenmähne vielleicht Leon, einer der zehn griechischen Stammeshelden. Held «A» wird als Werk des Phidias angesehen, Poliklet soll der Schöpfer der Figur «B» sein. Die beiden wären demnach Dokumente des «goldenen» Perikleischen Zeitalters – jener Phase der Geschichte von etwa 460 bis 430 v. Chr., in der Perikles das Griechentum auf die Höhe seiner Macht und Herrlichkeit geführt hat.

Von anderen Forschern werden die beiden Helden als originär großgriechische Werke angesehen, als Schöpfung eines nur undeutlich überlieferten Pythagoras, der im fünften Jahrhundert lebte und als erster Venen unter der Bronzehaut seiner Figuren abgebildet haben soll. – Wie auch immer, die «schreckliche Schönheit» und geradezu brutale Virilität der beiden Krieger ist für uns ein glaubhaftes Symbol der griechischen Kolonialisierung und des Machtwillens, mit dem die Hellenen den Handel und die politische Herrschaft in Süditalien an sich rissen.

Wie die beiden Statuen jedoch gerade an dieser Stelle ins Meer kamen, wird wohl für immer im Dunkel der Geschichte bleiben. Von dem Schiff, das sie transportiert haben muß, fanden die hochspezialisierten Unterwasserarchäologen, deren Arbeit ein ganzes Stockwerk des Museums in Reggio dokumentiert, nur ein paar Bleiringe der Takelage. Und die können ebenso griechisch sein wie spätantik. So wurden die verschiedensten Hypothesen aufgestellt:

Die «Helden von Riace». Ihre Herkunft ist noch nicht eindeutig geklärt. In jedem Fall sind sie ein imponierender Ausdruck des Machtwillens griechischer Kolonisation.

Vielleicht sollten die Helden in der Kaiserzeit von Delphi oder von ihrem traditionellen Standort in Süditalien nach Rom transportiert werden. Oder sie waren – von Rom oder von Süditalien aus – nach dem Ende des Römischen Reichs unterwegs nach Konstantinopel ... wer weiß.

Zu den Belegen der großgriechischen Kunstentwicklung gehören die apulischen Vasen, die in Ruvo und Tarent zu sehen sind: Sie zeigen, wie die einheimischen geometrischen Formen durch griechische Figurenstile abgelöst werden und wie diese bewegten Szenerien allmählich schöpferische Eigenständigkeit und Individualität der Dargestellten bekommen, bis sie sich wieder in Vergröberung und Ansätzen von Abstraktion auflösen. Ähnlich eigenständig ist der virtuose Goldschmuck.

Schönstes und anschaulichstes Bild einer griechischen Stadt in Süditalien ist Poseidonia – Paestum –, jene Siedlung, die nicht nur drei ausgezeichnet erhaltene Tempel besitzt, sondern auch noch eine imposante Stadtmauer aus fast fugenlos aufeinandergefügten Hausteinen. Weiter nördlich wurde an der Mündung des Flusses Sele ein Heiligtum der Argivischen Hera gefunden. Ihr Beiname verweist auf Argos, also auf ein griechisches Kernland, und die Mythologie macht dieses Heraheiligtum zu einem der ältesten in Süditalien – vielleicht zu einer noch älteren Kultstätte als die des Apoll in Cuma: Jason selbst soll das Heraion auf der Fahrt der Argonauten gestiftet haben. Heute sind von dem großen Tempelbezirk nur spärliche Reste erhalten, die aber einen geheimnisvollen Zauber ausstrahlen, weil sie völlig vergessen in einem tiefen Sumpf vor sich hinträumen. Nach der jüngsten Forschung stammt dieser weitläufige Tempelbezirk aus der Zeit um 650 v. Chr. Die Metopen des Schatzhauses sind im Museum von Paestum in der alten Reihenfolge zu einem Fries arrangiert worden.

Die drei großen Tempel im Zentrum der antiken Stadt sind wesentlich jünger: zwischen 550 und 450 v. Chr. erbaut. Problematisch ist nach wie vor ihre Benennung, da die ersten Archäologen im 18. Jahrhundert ihnen anschauliche, aber wohl falsche Namen gaben:

Die «Basilika» von 550 v. Chr., der südlichste und älteste Tempel, mit gedrungenen Säulen, war keineswegs ein Gerichts- oder Versammlungsgebäude, wie seine Zweischiffigkeit anzudeuten scheint. Viel wahrscheinlicher ist, daß hier ein Götterpaar – Zeus und Hera oder Demeter und Persephone – verehrt wurde. Sicher aber ist die Säulenreihe in der Mitte der Cella keine lokale Stileigenart! Der ebenfalls dorische Nachbar entstammt der klassischen Epoche, erinnert an den olympischen Zeustempel oder an den wenig später erbauten Parthenon. Traditionell wird er als Poseidontempel bezeichnet, neuerdings aber der Hera zugeschrieben. Obwohl die Säulen kräftiger sind als die der Basilika, wirkt der ganze Bau schlanker, eleganter und geradezu perfekt durchgeformt. Es ist der schönste und besterhaltene Griechentempel in Süditalien – zusammen mit dem Concordiatempel in Agrigent. Bindeglied zwischen den Stilarten von Basilika und Poseidontempel ist der kleine, der Ceres oder der Athena geweihte Bau jenseits der Agora, des späteren Forums.

Als die Hochblüte Großgriechenlands sich dem Ende entgegenneigte, wurde das griechische Poseidonia zur römischen Kolonie, konnte sich aber durch die verkehrsgünstige Lage an den großen Handelswegen zu Wasser und Land seine Stellung und seinen Reichtum bewahren. Und damit leitet die Stadt, die als Inbegriff des italienischen Griechentums gilt, in die römische Phase Süditaliens über.

Römische Herrschaft über Süditalien

Via Appia Antica: In Rom ist die erste der Konsularstraßen zu einer wichtigen Sehenswürdigkeit geworden – in Süditalien fehlen ihre Spuren fast vollkommen, ist ihr Verlauf nahezu in Vergessenheit geraten. Allenfalls die Stationen Capua, Benevent und der Endpunkt Brindisi sind noch mit ihrem Namen verbunden. Dabei war die Via Appia einst der Zugang nach

In einem Tempel der antiken Stadt Paestum – heute das großartigste Dokument der griechischen Kultur in Italien (1780).

Süditalien schlechthin, später auch die «Rollbahn» in die Kolonien jenseits der Adria und im östlichen Mittelmeer. Wer ihr von Rom aus nach Süden folgt, vollzieht die Schritte nach, mit denen die Römer sich das übrige Italien untertan machten: Ihr Verkehrsnetz war der Unterschied und schließlich der entscheidende Vorteil gegenüber der griechischen Kolonisation.

Die Griechen trachteten nicht danach, das gesamte fremde Territorium unter ihre Herrschaft zu zwingen und einen einheitlichen Staat zu schaffen. Ihre Siedlungen, die dem Muster ihrer eigenen Stadtstaaten folgten und des öfteren deren Feindschaften in die «Neue Welt» übertrugen, waren lediglich Stützpunkte des Handels und Basen der landwirtschaftlichen Nutzung der Umgebung, nicht die Zentren eines Flächenstaates.

Anders die Politik der Römer: Ihnen ging es um die dauerhafte Besiedlung des ganzen von ihnen unterworfenen Landes. Wichtigstes Mittel dazu waren markierte und befestigte Straßen und die «Kolonialisierung» im eigentlichen Sinn: Das eroberte Ackerland wurde an verdiente Kriegsveteranen aufgeteilt, die es urbar machten oder weiter bebauten und damit auch den römischen Geist «aussäten». Wichtiger als das feine Netz weitreichender Handelsbeziehungen, auf das die Großgriechen ihren Reichtum gründeten, war den Römern ein System militärischer Etappen und ein Geflecht taktischer Bündnisse. Bevorzugt wurden dabei die Völker und Städte, mit deren Hilfe nahegelegene Feinde eingekreist und unterworfen werden konnten.

Zu mehr als regionaler Bedeutung stiegen die Römer auf, als sie im Jahr 509 Tarquinius Superbus vertrieben und damit nach der Herrschaft der etruskischen Könige das Schicksal der neugeschaffenen Republik in eigene Hände nahmen. Damit begannen auch die Auseinandersetzungen mit den ebenfalls expandierenden Nachbarvölkern: Latiner, Etrusker und Samniten. Die letztgenannten bewohnten das Bergland von Kampanien und Apulien – das Vakuum

29

zwischen der griechischen Besiedlung. Ihre Metropole war seit etwa 420 v. Chr. Capua, einst etruskisch und um 350 v. Chr. eine der reichsten Städte Italiens. Capua suchte das Bündnis mit Rom, wurde im Jahr 338 jedoch nur als Stadt ohne Stimmrecht im Senat aufgenommen, nicht als gleichberechtigter Bundesgenosse wie Neapel, das sich elf Jahre später mit Rom einigte.

Rom aber wollte keine Partner, sondern die *ganze* Halbinsel. Und da die Samniten sich nicht einfach «schlucken» ließen, kam es zum Zweiten Samnitenkrieg, der von 326 an immerhin zweiundzwanzig Jahre dauerte. Eine erste Auseinandersetzung hatte es auch gegeben. Aber deren Anlaß, Verlauf und Ergebnis sind nicht klar dokumentiert. Die zweiundzwanzig Jahre waren für die Römer zeitweise sehr hart: Anno 321 v. Chr. mußte ihr überlistetes Heer unter einem symbolischen Galgen, dem Claudinischen Joch, durchziehen, nachdem die Feldherren kapituliert hatten. Der römische Senat widerrief die Kapitulation, lieferte die Feldherren den Samniten aus – die sie höflich zurückwiesen – und führte den Krieg weiter, bis Rom schließlich 304 siegte.

Die Jahre um 300 v. Chr. waren entscheidend für die Ausdehnung des römischen Herrschaftsgebiets auf die ganze Apenninhalbinsel bis zur Poebene. Schon während des Samnitenkriegs entstanden Kolonien in Kampanien und Apulien, die die Küsten sicherten: 318 Canusium (Canosa), 314 Luceria (Lucera). Zwei Jahre später ließ der Zensor Appius Claudius die nach ihm benannte Via Appia bauen. Sie führte durch die Pontinischen Sümpfe nach Terracina, über Fondi, Minturno und Sessa Aurunca nach Capua. Sie war gepflastert und über vier Meter breit. Im Jahr 291 wurde sie durch das Tal von Caudium – wo einst das Caudinische Joch stand – bis Benevent und 268 bis Venosa in der nördlichen Basilicata verlängert. Im Schutz der Stadt siedelten schon seit 291 rund zwanzigtausend Kolonisten auf über zweihunderttausend Hektar Land.

Die Ausdehnung der römischen Republik nach Süden führte schließlich zum Konflikt mit Tarent, dem im Jahr 281 König Pyrrhos aus Epiros im Nordwesten Griechenlands zu Hilfe kam. Es gelang ihm zwar, viele Städte Großgriechenlands und italische Stämme zu sammeln und gegen die Römer zu führen, aber er errang lediglich «Pyrrhos-Siege» – zu verlustreich und darum wenig beständig. Auch sein Abstecher nach Sizilien, um dort ein hellenistisches Reich zu schaffen, scheiterte. Anno 272 kehrte er in seine Heimat zurück. Die Römer schlossen ganz Süditalien zur «Italischen Wehrgenossenschaft» zusammen. Die Genossen erhielten kein römisches Bürgerrecht, mußten den römischen Frieden («Pax Romana») achten und konnten ihre politische Organisation beibehalten. Damit war aber nur scheinbar ein Status quo festgeschrieben, da die Römer durch die Gründung neuer Kolonien und die Verlängerung der Via Appia ständig bestrebt waren, ihren Herrschaftsbereich auf die ganze Halbinsel auszudehnen.

Das gelang ihnen in beide Richtungen: 265 kapitulierte Volsinii, die sagenhaft reiche Hauptstadt des etruskischen Zwölf-Städte-Bundes im Norden Roms, und etwa zur gleichen Zeit triumphierten die Römer über die Sallentiner und Messapier, die von ihren megalithischen Burgen aus das Salento, den «Absatz» des Stiefels, verteidigt hatten. Brundisium – Brindisi – wurde so eine römische Stadt: 246 erhielt es den Status einer Kolonie. Es entwickelte sich bald zu einem wichtigen Hafen für den Verkehr mit dem Orient, so daß im zweiten Jahrhundert die Via Appia bis dorthin verlängert wurde. Von da an war sie die Hauptader von Rom nach Osten. Noch heute «machen» die Italiener einen «Brindisi», wenn sie einen Toast ausbringen – der Name der Stadt ist ein Synonym für Abschied und Wiedersehen geworden. Erhalten ist auch noch der feierliche Endpunkt der Via Appia – für den Heimkehrer zugleich der erste Gruß des italienischen Festlands: ein Paar neunzehn Meter hoher Säulen aus afrikanischem Marmor, von denen allerdings nur noch eine an ihrem Platz ist, denn die zweite haben die geschäftstüchtigen Brindisier im 17. Jahrhundert nach Lecce verkauft, wo sie jahrhundertelang den Stadtheiligen trug. In Brindisi starb 19 v. Chr. der Dichter Vergil, der die Äneis als Verbindung von Mythologie und römischer Geschichte niederschrieb und damit die historische Sendung Roms begründete. Begraben wurde er in Neapel, wo sein Grab am Eingang eines antiken Straßentunnels gezeigt wird.

Brindisi – Brundisium: Der Name soll sich vom messapischen Ausdruck für Hirschkopf oder Hirschgeweih ableiten – und genau diese Form hat die riesige Bucht, die die Stadt umschließt. Kein Wunder, daß sie rasch zu Roms Überseehafen avancierte und dem jetzt weniger günstig gelegenen Tarent den Rang ablief, obwohl es ebenfalls an der Via Appia lag. Im Jahr 209 v. Chr. hatte Tarent so viel wirtschaftliche Macht eingebüßt, daß es aufhören mußte, seine berühmten Silbermünzen zu schlagen. Die politische und wirtschaftliche Dominanz der Römer bedeutete jedoch nicht eine völlige Verdrängung des Griechentums – im Gegenteil: Die siegreichen Römer assimilierten die Kultur der Bundesgenossen.

Aber noch war ganz Süditalien nicht befriedet, obwohl die Römer 270 v. Chr. Reggio erreicht hatten und damit am Endpunkt der Apenninhalbinsel angekommen waren, wo ihnen ein mächtiges großgriechisches Sizilien gegenüberstand. Die Perspektiven, die Reggio erschloß, waren klar: Herrschaft über die Insel und das ganze westliche Mittelmeer. Da aber dominierten die Karthager, die sich auch den Westen Siziliens gesichert hatten und das mächtige Syrakus bedrängten. So verbündeten sich Römer und Syrakuser gegen die nordafrikanische Stadt, die um 800 von Phöniziern gegründet worden und rasch zu einer der führenden Handelsmächte aufgestiegen war. Ihre Position wußte sie durch geschickte Bündnisse und – wenn nötig – auch kriegerische Auseinandersetzungen mit Griechen, Etruskern und Römern ständig auszubauen. Auch Sardinien und Korsika waren zu jener Zeit karthagisch.

Im Jahr 264 v. Chr. begann der Erste Punische Krieg, der dreiundzwanzig Jahre dauerte und der Auftakt des über hundertjährigen Kampfs um die Vorherrschaft war. Kriegsschauplatz war vor allem Sizilien, vor dessen Westküste ein Seesieg der Römer den Krieg entschied. Alle drei großen Inseln wurden römisch. Süditalien war von den Kriegsereignissen nur indirekt betroffen worden. Jedoch wurde es wichtiges Schlachtfeld und Etappenlager des Zweiten Punischen Kriegs, der ausgelöst wurde, als Hannibal die vereinbarten Grenzen der römischen und karthagischen Einflußsphären in Spanien überschritt. Er besiegte 217 die Römer am Trasimenischen See in Umbrien, zog dann nach Süden und vernichtete das römische Heer ein Jahr später bei Cannae, das die «offizielle» Geschichtsschreibung als «Canne della Battaglia» zwischen Barletta und Canosa lokalisiert hat, während einige Regionalforscher den Ort der gewaltigen Umfassungsschlacht weiter westlich ausmachten. Hannibal jedenfalls nutzte den Sieg nicht, um gen Rom zu ziehen; er blieb in Süditalien, dessen Städte sich ihm zum größten Teil anschlossen.

Jedoch gelang es nicht, ganz Süditalien zu unterwerfen und die Häfen als zuverlässige Nachschubstationen und Flottenbasen zu sichern. Erst 212 eroberte er Tarent, und im selben Jahr gewannen die Römer das von ihnen abgefallene Syrakus zurück. Auch der nördliche Eckpunkt der Karthager fiel bald: Capua, das ihnen 216 die Tore geöffnet hatte und das die Römer nach langer Belagerung einnahmen und streng bestraften. Hannibals Ablenkungsmanöver – der überraschende Marsch auf Rom («Hannibal ante portas!») – hatte Capua nicht retten können; das karthagische Heer war zu schwach, um den Angriff auf Rom zu wagen. Der Zenit seines Erfolgs war überschritten, auch wenn ihm sein Bruder Hasdrubal in den Jahren 208/207 über die Alpen zu Hilfe eilte. Nach dessen totaler Niederlage mußte Hannibal sich aus Süditalien zurückziehen und schiffte sich im Jahr 203 von Kroton aus in die Heimat ein. Dort wurde das karthagische Heer im nächsten Jahr vernichtend geschlagen; Rom diktierte seinem alten Rivalen die Friedensbedingungen, die der Tiberstadt ganz Spanien einbrachte. Im verwüsteten und ausgesogenen Süditalien, das dreizehn Jahre lang Kriegs-

     Fortsetzung Seite 53   *Legenden zu den Bildern 6 bis 25 Seite 15*

9

10

11

12

17

18

21

22

schauplatz gewesen war, begann allmählich der Wiederaufbau der Kornkammern, Handels-stützpunkte und des Verkehrsnetzes: 128 ließ Konsul Annius eine Straße von Salerno nach Reggio bauen (Via Annia oder Via Popilia, benannt nach dem Konsul von 132), der in etwa die heutige Autostrada folgt und die später mit einer Trasse an der Küste und einer Verlängerung längs des Ionischen Meeres bis Tarent komplettiert wurde. Diese Straßen dienten in erster Linie militärischen Zwecken, um das immer noch unruhige Süditalien dauerhaft beherrschen zu können, erst in zweiter Linie waren es Handelswege. Wie gut dieses System funktioniert, beweist das dichte Netz der Römerstraßen, das ihre Eroberungszüge durch Europa und den ganzen Mittelmeerraum begleitete. Entlang der Straßen entstanden neue Städte, die als Marktorte (Fora) den Umschlag der Waren aus dem und in das Hinterland übernahmen, die Truppen beherbergten und oft die alten Bergfestungen als Sitz der Präfekten ablösten. Süditalien wurde nicht nur politisch, sondern auch kulturell romanisiert: Das Lateinische stieg zur ersten Verkehrssprache auf, das griechische Kulturgut wurde jedoch selbstverständlich übernommen. Ein Beispiel dafür sind die Theater: Amphitheater als Schauplätze der grausamen – ursprünglich oskisch-etruskischen – Kampfspiele befanden sich in allen bedeutenden römischen Kolonien, jedoch nur in wenigen Griechensiedlungen. Umgekehrt hatte fast jeder größere römische Ort ein Theater für die von den Griechen entwickelte Form des Schauspiels. Besonders weit verbreitet war natürlich die römische Form des Kammerspiel- oder Musiktheaters, das Odeum.

Wirtschaftlich begannen Großgrundbesitzer das System der Kolonisten abzulösen, obwohl diese nach wie vor angesiedelt wurden. Sklaven bearbeiteten das Land. Daher kam es in den nächsten Jahrzehnten immer wieder zu Sklavenaufständen und -kriegen in Süditalien: Im Jahr 185 erhoben sich die apulischen Landarbeiter, in der Zeit von 103 bis 101 überzogen militärische Auseinandersetzungen, die von Sizilien ausgingen, ganz Süditalien, und in den Jahren 73 bis 71 kämpfte das Heer des Spartakus gegen die römischen Legionen. Kurz davor, zwischen 91 und 89 v. Chr., hatten sich die Italiker im Bundesgenossenkrieg die Gleich-berechtigung innerhalb der römischen Republik erkämpft, die ihnen auch als treue Waffen-gefährten der Römer verwehrt geblieben war.

Die großen Fehden mit den alteingesessenen Stämmen waren damit beendet, für Süditalien begann die Pax Romana. Nur die Bucht von Neapel war nach Cäsars Tod der Schauplatz der Kämpfe um seine Nachfolge und um die Herrschaft Roms. Pozzuoli war zu jener Zeit der wichtigste Hafen Roms, bis um 50 n. Chr. Ostia ausgebaut wurde. Auch der Apostel Paulus landete im Jahr 61 hier auf dem Weg nach Rom. Eine Vorstellung vom urbanen Leben der Hafenstadt jener Zeit geben das Amphitheater und das Serapeum, ein quadratisches Markt-gebäude, das heute durch die ständige vulkanische Aktivität im Golf von Neapel und die dadurch bedingten Erdbewegungen der Phlegräischen Felder unter Wasser steht.

Ganz in der Nähe von Pozzuoli liegt der Averner See, den die Griechen als Tor zur Unterwelt angesehen hatten, da er so giftige schweflige Dämpfe ausspeien würde, daß kein Vogel ihn überfliegen könne (aornon bedeutet «ohne Vögel»). Zur Zeit Cäsars und Okta-vians, des späteren ersten Kaisers Augustus, war die alte Ehrfurcht vor den Göttern längst nicht mehr so lebendig: Als Oktavian einen sicheren Hafen für seine Flotte brauchte, ließ sein Schwiegersohn und Feldherr Vipsanius Agrippa einen Kanal anlegen, der den heiligen See mit dem küstennahen Lucriner See und dem Meer verband. Dieser Hafen wurde durch den ingeniösen Baumeister Cocceio noch weiter verbessert: Er konstruierte einen Tunnel, der durch einen Berg nach Cuma führte. Ein zweiter Tunnel verband ihn mit den Befestigungen am Nordende des Lago di Fusaro, der wiederum mit der Westküste der Phlegräischen Felder in Verbindung stand.

Das Erstaunliche an diesem zweiten Tunnel ist nicht nur die Leistung der Ingenieure, die ihn mit mehreren Lichtschächten 180 Meter lang und bis zu 23 Meter hoch durch den Berg trieben, sondern mehr noch die brutale Dominanz politisch-taktischer Erwägungen über die

religiösen Traditionen: Eins der Tunnelportale mündet direkt neben dem Eingang zur Grotte der Sibylle. Aber vielleicht ist es ja auch ein schlichtes Mißverstehen antiken Denkens, wenn man es als Blasphemie empfindet, ein uraltes Heiligtum zu unterminieren, das seine apollonischen Weisheiten aus dem Schlund der Erde empfängt. Andererseits aber gibt die Tatsache, daß der Hafen schon nach kurzer Zeit durch unterirdische Bewegungen unzugänglich wurde, zu denken...

Links: am Fuß des Vesuvs, dem bis heute aktiven Vulkan (vor 1876). Rechts: das Forum von Pompeji, der 79 n. Chr. vom Vesuv zerstörten Stadt (1884).

Nach der Konstituierung des Kaiserreichs unter Augustus und der Befriedung der römischen Welt wurde daher ein neues Hafenprojekt in Angriff genommen, das groß genug war, eine ganze Flotte aufzunehmen: Südlich von Pozzuoli liegt jenseits des damaligen Villenorts Baia (wo schon Cäsar, Pompejus und Cicero gewohnt hatten) das Capo Miseno. Es schützt eine Bucht, die fast ringsum von Felsen eingeschlossen ist. Hinter der Bucht versteckt sich ein Lagunensee, der ideal für Werften und Arsenale geeignet ist. Wie groß die Besatzung des Hafens sein konnte, beweist das Wasserreservoir «Piscina Mirabile» auf dem nahen Hügel von Bacoli: eine gewaltige fünfschiffige Basilika, die aus dem gewachsenen Fels geschlagen wurde und fünfzehn Millionen Liter Wasser aufnehmen kann. Misenum war bald der wichtigste Militärhafen Roms; von hier aus fuhr dessen Oberbefehlshaber Plinius der Ältere beim Ausbruch des Vesuvs im Jahr 79 n. Chr. hinüber nach Stabia, um Freunden Hilfe zu bringen. Er starb dort jedoch im erstickenden Aschen- und Schwefelregen.

Der Vulkan verheerte das Küstenland zu seinen Füßen, bewahrte jedoch wie in einer Momentaufnahme das römische Leben vom 24. August 79. Die Spuren des schweren Erdbebens des Jahres 62 waren gerade beseitigt, wie die frischen Reparaturen an vielen Gebäuden beweisen. Keiner der Bewohner nahm offenbar das Beben als Vorboten der großen Katastrophe. Vor allem in Herculaneum blieben Nahrungsmittel, Gewebe, Pergamentrollen und Gläser erhalten, auch die sonst stets verwitterten Holz- und Schilfkonstruk-

Die Gräberstraße von Pompeji am Abend (1874).

tionen der Häuser; Pompeji bewahrte tagesaktuelle Inschriften und die Hohlräume erstickter und verschütteter Menschen und Tiere. Mit Gips ausgegossen, zeigen sie unangenehm drastisch den Todeskampf der Opfer. Pompeji starb rasch, in einem buchstäblich atemberaubenden Regen aus Lavasteinchen (Lapilli), Staub und giftigen Gasen, während Herculaneum von einer gewaltigen Schlammlawine zugedeckt, ja ausgefüllt wurde, die sich erhärtete und die Stadt wie ein Insekt im Bernstein konservierte. Schließlich legte sich Jahrhunderte später noch ein Lavastrom wie ein Schutzschild über die begrabene Stadt. Erst im 19. Jahrhundert begannen die systematischen Ausgrabungen.

Beide Städte wurden um 80 v. Chr. römische Kolonien, hatten zu dieser Zeit aber schon eine lange Geschichte: Herakles soll auf dem Rückweg von Spanien eine Stadt gegründet und ihr seinen Namen gegeben haben; «Pompeji» weist etymologisch auf die vorgriechischen italischen Osker. Hier wie dort lösten sich Griechen, Etrusker, Samniten und Römer in der Herrschaft ab. Trotz des gemeinsamen Schicksals unterschieden sich die beiden Orte grundlegend voneinander:

Herculaneum war ein Städtchen von etwa vier- bis fünftausend Einwohnern direkt an der Küste. Sie arbeiteten als Fischer, Küsten-Seefahrer und kleine Handwerker für den Bedarf ihres Ortes, weniger für den überregionalen Handel, und bewohnten bescheidene Häuser. Das geruhsame kleinbürgerliche Leben und die Lage mit dem herrlichen Blick auf den Golf von Neapel lockte aber auch wohlhabende Römer und Neapolitaner an, die sich hier Villen als Wochenend- oder Altersruhesitz bauten – schöne, solide Häuser ohne übergroßen Prunk.

Pompeji dagegen war ein agiler Handelsort, in dem zwanzig- vielleicht auch dreißigtausend Bürger, Freigelassene und Sklaven ein geschäftiges Leben führten. Davon zeugen die vielen Inschriften und Kritzeleien auf den Hauswänden: Reklamesprüche für Geschäfte oder Lokale, politische Parolen, Witze, Liebeserklärungen, Schmähungen oder schlichte Obszö-

55

nitäten. Die Stadt dokumentiert die Entwicklung des Hausbaus vom einfachen italischen Haus mit einem kleinen Atrium bis zur prunkvollen Villa, die verschwenderisch mit Marmor, Stuck, Mosaiken, Fresken und Skulpturen geschmückt war. Berühmte Beispiele für die Dekorationskunst sind das Alexandermosaik im Nationalmuseum zu Neapel oder die pompejanische Villa der Mysterien mit ihrem lebensgroßen Zyklus auf rotem Grund. Die Malerei befand sich zu jener Zeit auf einer Höhe, die sie erst wieder über tausend Jahre später in der Frührenaissance erreichte: Vor duftig-harmonischen Landschaften oder eingerahmt durch täuschende Scheinarchitektur entwickeln sich lebendige Szenen des Alltagslebens oder der Mythologie, die geradezu eine «heile» Gegenwelt zur Realität außerhalb der Wohnhäuser schaffen. Diese kehren sich ganz von der Außenwelt ab und umschließen mit meist fensterlosen Mauern den privaten Lebensbereich der Familie, der sich zu Atrium und Peristyl – dem Gartenhof – hin öffnet.

Von Pompeji und Herculaneum abgesehen, bewahrt Süditalien nur wenige römische Großbauten: Die wichtigen Hafenorte waren kontinuierlich bis heute besiedelt – Brindisi, Bari, Tarent, Gallipoli, Reggio und Neapel – und hatten keinen Platz für große Ruinen. Stets wurde weitergebaut und erneuert, ohne Rücksicht auf das Erbe. Am besten erhalten blieben die Bauten der Kaiserzeit in Capua und Benevent.

Capua, der alte Endpunkt der Via Appia, besitzt ein großes Amphitheater, das dem Kolosseum und der Arena von Verona an Größe nur wenig nachsteht. Es wurde unter Augustus errichtet und von Kaiser Trajan im Jahr 119 renoviert. Ein Zeugnis des vielfältigen religiösen Lebens der Stadt im zweiten Jahrhundert ist das Mithräum, ein langgestreckter unterirdischer Saal. Er diente der Verehrung des griechischen Lichtgottes Mithras, die im Zuge der Auflösung der alten Götterwelt vor der Zeitenwende nach Rom gekommen und im ganzen Reich verbreitet war. Der Kult des Mithras hatte gewisse Parallelen zum Christen-

tum: vom gemeinsamen «Abendmahl» der Gläubigen etwa, die sich einem der Taufe ähnlichen Aufnahmeritus unterziehen mußten, bis hin zum Gedanken der Erlösung durch Mithras, der zugleich als Schöpfer allen Lebens galt, das er durch die Tötung des mythischen Urtiers gezeugt hatte, wie es ein Fresko im Mithräum zu Capua zeigt.

Benevents Geschichte ist eng verbunden mit Kaiser Trajan, der von 98 bis 117 regierte. Er eroberte und sicherte weite Gebiete in Asien und auf der Balkanhalbinsel (Dakien). Sein Ziel war es, durch Förderung des Handels dem Römischen Reich die gewaltige eroberte Fläche dauerhaft zu sichern. Benevent war eine wichtige Zwischenstation auf dem Weg zur Adria, eine Drehscheibe zwischen Afrika, Orient und Okzident. So ließ Trajan im Jahr 109 die alte Straße, die von Benevent ostwärts über Canosa, Troia und Bari nach Brindisi führte, auf seine Kosten als sechseinhalb Meter breite Staatsstraße ausbauen. Am Anfang der neuen Via Traiana wurde ein Triumphbogen errichtet, der seine militärischen und politischen Leistungen für das Reich wie für Benevent pries. Trotz der Zerstörungen des Zweiten Weltkriegs und der Flut des Jahres 1949 ist der Bogen noch sehr gut erhalten und gibt ein plastisches Bild vom Selbstverständnis und Auftreten des Kaisers.

Die Erschließung Süditaliens durch die Staatsstraßen war damit im großen und ganzen vollendet. Sie waren nicht mehr zur Unterwerfung des Südens notwendig, sondern als Handelswege und Heerstraßen in die entlegenen Provinzen des Reichs, das jedoch immer schwerer zusammenzuhalten war. Mitte des dritten Jahrhunderts hatte Rom die von Norden her nach Dakien eindringenden Goten noch abwehren und befrieden können, aber auch Italien mußte nun mit Angriffen rechnen. So umgab sich Rom mit der gewaltigen Aurelianischen Mauer (ab 270), während die Küsten nach strategischen Gesichtspunkten befestigt wurden. Zum Schutz des Golfs von Tarent entstand die Via Herculia von Venosa nach Heraclea, westlich von Tarent und Metapont. Wahrscheinlich ließ Kaiser Maximianus

Das römische Casinum wurde zur Wiege des berühmten christlichen Ordens der Benediktiner: Monte Cassino. Treppe zur nach der Zerstörung im Zweiten Weltkrieg wiedererbauten Basilika. Links die Statue des heiligen Benedikt.

58

Herculius sie um das Jahr 300 als Staatsstraße auf der Trasse einer älteren, kleineren Verbindung anlegen. Der Neubau ist ein Zeichen des Niedergangs von Rom, der deutlich wurde, als Konstantin, der erste christliche Kaiser, seine Residenz im Jahr 330 nach Konstantinopel – Byzanz – verlegte. Eins der seltenen Zeugnisse jener Zeit – wenn auch nicht in Süditalien geschaffen – ist der «Koloß von Barletta», wahrscheinlich ein Bildnis des Kaisers Valentinian I. (364–375), das von den Venezianern im 13. Jahrhundert aus Byzanz geraubt worden war und in Apulien strandete.

Im vierten Jahrhundert begann die unruhige Völkerwanderungszeit, die ganz Europa und Kleinasien erschütterte. Hunnen und Goten drangen nach Westen vor, und die Westgoten unter Alarich brachen im Jahr 410 in die Apenninhalbinsel ein, in das seit Jahrhunderten sichere römische Kernland. Am 24. August eroberten die Westgoten Rom und plünderten drei Tage lang die Stadt, die seit Menschengedenken fremde Mächte nur als Unterworfene in den Triumphzügen gesehen hatte. Beladen mit den erlesensten Schätzen der Ewigen Stadt zog Alarich mit seinem Heer nach Süden, um über Sizilien Nordafrika zu erobern. Er verlor jedoch vor Messina seine Flotte im Sturm und kehrte nach Cosenza zurück, wo er starb. Sein Ende und seine sagenumwobene Bestattung im Busento sind im 19. Jahrhundert von August von Platen zu einer geradezu patriotischen Heldensaga verklärt worden. Bis heute ist das Grab des Heerführers nicht gefunden worden.

Nur fünfundvierzig Jahre später unterlag Rom abermals fremden Eindringlingen: Von Karthago aus eroberte und plünderte die Flotte der Wandalen unter Geiserich die Stadt.

Die Macht des Römischen Reichs war gebrochen – und so dauerte es auch nur noch ein paar Jahre, bis der letzte Kaiser Romulus Augustulus vom Heerführer der germanischen Söldner, Odoaker, abgesetzt wurde. Er ging nach Neapel ins Exil und starb in der Villa, die früher dem Feldherrn und sprichwörtlichen Genußmenschen Lukullus gehört hatte, der um 67 v. Chr.

In der Zeit der Völkerwanderung heftig umkämpft: Neapel. Zwischen «Onore» und «Virtù», Rundtürmen der alten Stadtmauer, der Renaissancebau der Porta Capuana.

von seinen Feldzügen im östlichen Mittelmeer auch den ersten Kirschbaum nach Italien mitgebracht hatte. Aus der Villa, die auf der heutigen Insel Santa Lucia stand, wurde im fünften Jahrhundert ein Kloster; später wurde darüber das gewaltige Castel dell'Ovo errichtet.

Byzanz erkannte Odoaker als König über Italien an. Die Kontinuität Westroms war damit indirekt auf den Papst übergegangen, der schon hundert Jahre vorher den alten Cäsarentitel «Pontifex Maximus» übernommen hatte. Der «Oberste Brückenbewahrer» war in antiker Zeit der höchste Priester der Stadt und des Reichs gewesen; seit Augustus hatten alle Kaiser diesen Titel geführt. Der Papst beanspruchte damit auch die Herrschaft Roms über die gesamte Kirche – also auch über Ostrom. Das Papsttum als halbwegs stabiler Faktor der unruhigen Jahrhunderte nach 400 wurde gestützt durch die sich ausbreitenden Klöster, die sich nicht nur geistig, sondern auch durch wehrhafte Mauern geschützt, gegen die Eindringlinge der Völkerwanderungszeit stellten.

Christentum und Völkerwanderung

Wie eine Festung liegt das Kloster Monte Cassino über dem Tal des Flusses Liri und über der alten Via Cassia an der Grenze der heutigen Regionen Latium und Kampanien. Wer auf der *Autostrada del Sole* in den Süden fährt, sieht den grauen Klotz der Abtei auf der Spitze des Berges schon von weitem, eine beherrschende Landmarke und ein Symbol kirchlicher Macht: Monte Cassino wurde nicht als weltfremde Eremitenklause auf dem Berg gegründet, sondern als Herz und Haupt eines neuen Ordens – einer neuen Generation von Klöstern–, der angetreten war, das Christentum im ganzen Abendland zu verbreiten.

Der heilige Benedikt ließ sich im Jahr 529 mit einer Schar Getreuer hier nieder; aus dem Apollotempel der Akropolis des alten Casinum machte er eine Martinskirche und bannte so ein für allemal die alten Götter. Hier schrieb er die Regeln seines Ordens, dessen Idee damals revolutionär war und die neue Epoche des tätigen – nicht nur des kontemplativen – Mönchtums einleitete. Er gab dem Abendland einen bis heute wirksamen praktisch-moralischen Grundimpuls, definiert: *Ora et labora* – bete und arbeite. Von Monte Cassino aus trugen die schwarzgekleideten Patres die fromme Leistungsethik in die spätantike Welt, gründeten Klöster und bauten ihre zerstörten Werke hartnäckig immer wieder auf. Sie hatten damit entscheidenden Anteil an der Verbreitung und Verwurzelung des Christentums in der Bevölkerung Süditaliens, nachdem die Kirche bereits in den wichtigsten Orten des Landes, parallel zur weltlichen Herrschaft, Bischofssitze eingerichtet hatte. Als ältester in Apulien ist das blühende Canosa an der Via Traiana überliefert; auch die heute nicht mehr existierenden Hafenstädte Egnatia und Siponto trugen die Bischofswürde.

Sicher wurden schon zu dieser Zeit repräsentative Dome gebaut, von denen jedoch kaum Spuren erhalten sind. Es ist anzunehmen, daß sie Basilikaform hatten und oft umgebaute Tempel waren. Das war nicht nur konstruktiv einfacher, sondern bewahrte den traditionellen Ort des Gottesdienstes – wenn auch jetzt mit neuem Kult und neuem Glaubensinhalt. Zugleich verloren die alten Götter ihre Heimat. Ein sehr schönes Beispiel dieser Art von räumlicher und religiöser Ökonomie steht auf Sizilien: der Dom von Syrakus, einst ein Athenatempel, dessen Säulen, Cellawände und Triglyphen-/Metopenfelder deutlich sichtbare Bauteile der Kirche bilden. In Süditalien fehlen solche Bauten, wohl zum einen wegen der permanenten Unruhe und der ständigen Auseinandersetzungen bis über das Jahr 1000 hinaus und zum anderen wegen der Blüte, ja Bauwut in normannischer und staufischer Zeit, die in konsequenter Weise Neubauten hervorbrachte.

Lediglich Neapel, in dem trotz aller politischen Unsicherheiten nach wie vor rege gewirtschaftet und gebaut wurde, bewahrt eine Erinnerung an das fünfte Jahrhundert: Bereits

Die Erinnerung an die römische Geschichte Neapels suggeriert die Kuppelkirche San Francesco di Paola, dem Pantheon in Rom nachempfunden. Vor dem Portal die Reiterstatue des Bourbonenkönigs Ferdinand IV.

Fortsetzung Seite 81

61

Morgendämmerung in Sorrent

In der engen Kälte bewegten die Zitronen den fahlen
Morgendämmerungsmond, dem Aushauchen nahe im
Himmel der Tore. Auf das Gitterfenster zwischen den
Orangenzweigen trug der Wind einen Schwung von rosi-
gen Quellen: die frostverblichenen Geranien zitterten vor
Luft unter der himmelhellen einsamen Arkade.

Den flügelblassen Bergen erhoben sich fernste Stimmen,
auf der Straße die Räder der ersten Karren, die blassen
Laternen im Glas der Luft, Transparenz des frischen
Grüns der Jalousien; vor den Gittertüren war die Sonne
ein unter Straßenjungen eingeschlafener warmer Hund.

Alfonso Gatto

Legenden zu den Bildern 26 bis 55

KAMPANIEN 2: NEAPEL, CASERTA, ANTIKE STÄTTEN *Seite 65 bis 80*

26   Neapel, Galleria Umberto I, eine der großen und berühmten Passagen des 19. Jahrhunderts. Die kreuzförmige Ladenstraße bedeckt eine mächtige Stahl- und Glaskonstruktion.

27   Neapel. Im Kreuzgang der Klarissinen von Santa Chiara. Er wurde im 18. Jahrhundert mit einer Majolikaverkleidung versehen.

28   Eingang der 147 bzw. 122 Meter langen Galleria Umberto in Neapel.

29   Neapel, San Francesco da Paola. Die dem Pantheon in Rom nachgebildete Kirche gilt als Hauptwerk des Klassizismus in Neapel.

30   Caserta, Palazzo Reale, die ehemalige Residenz der Könige von Neapel. Der monumentale Bau des Spätbarock wird als «Versailles von Neapel» bezeichnet. Im Bild die Eingangshalle.

31   Die große Freitreppe zum ersten Stock des Schlosses.

32   Das «Neue Appartement» im Schloß Caserta: Thronsaal und Hochzeitszimmer.

33 bis 36   Caserta, Freskengemälde und Wanddekorationen der historischen Räume des Schlosses. Maldarelli, de Dominici und Fischetti waren die wichtigsten an der höfischprunkvollen Ausschmückung beteiligten Künstler.

37   Blick auf Pisciotta, den mittelalterlichen Ort im bewaldeten Bergland von Cilento.

38   Paestum, Hauptzeugnis der griechischen Kultur in Süditalien. Im Bild die Vorderseite des Poseidontempels.

39   Pompeji, die durch den Vulkan Vesuv 79 n. Chr. verschüttete römische Stadt. Im Bild der Tempel des Apollo.

40   Paestum, griechisch Poseidonia: Innerhalb der guterhaltenen Stadtmauer befinden sich die Ruinen dreier Tempel: neben dem Poseidontempel der Cerestempel und die Basilika. Im Bild die Längsseiten der Basilika und dahinter des Poseidontempels.

41   Ausschnitt eines Wandbildes der Casa dei Vetti in Pompeji.

ARCHITEKTUR UND LANDSCHAFT *Seite 89 bis 104*

42   Im großartigen Schloßpark von Caserta. Der neapolitanische Architekt Luigi Vanvitelli hat ihn Ende des 18. Jahrhunderts mit Brunnen, Wasserspielen und Skulpturen von exquisiter Schönheit ausgestattet.

43   Fontana di Venere im Park von Caserta. Angelo Brunelli, Paolo Persico, Pietro Solari schufen die Skulpturen.

44   Ercolano, das römische Herculaneum, wurde 79 n. Chr. ebenso wie Pompeji durch den Vulkanausbruch zerstört. Antike Statue in der Nische der Terme suburbane.

45   Ravello an der Amalfiküste. Bacchustempel der Villa Cimbrone.

46   Terrasse der Villa Cimbrone. Wagner fand hier die Inspiration zum Zaubergarten Klingsors im «Parsifal». In Ravello finden jährlich Sommerfestspiele mit Opern Richard Wagners statt.

47   An der felsigen Steilküste des Monte Cerciti: Amalfi, Juwel des Salernergolfs.

48   Zwischen Pinien und Zypressen am steilen Hang: Villa Rufolo in Ravello.

49   Positano im Licht der Sonne eines Novembertags.

50   Ostuni in Apulien. La Bianca, die «Weiße Stadt», erweckt den Eindruck einer afrikanischen Wüstensiedlung.

51   Locorotondo («runder Ort»), rings um einen Berg erbaut, zählt ebenfalls zu Apuliens weißen Städten.

52   An den Rändern der tiefen Schlucht Gravina di San Marco liegt Massafra. In der Schlucht zahlreiche Höhlen und Grottenkirchen.

53   Über der grottenreichen Schlucht: Gravina di Puglia im Südwesten der Murge an einem Erosionsrand der apulischen Kalktafel.

54   In den Bergen nahe der Südspitze Italiens – die selbstbewußte Kalabrierstadt Palizzi.

55   Auf einer Landzunge an der Ostküste Kalabriens: Le Castella mit einem Kastell der Aragonier.

Kampanien 2:
Neapel, Caserta, antike Stätten
Architektur und Landschaft

30

31

33

34

35

36

im Jahr 314 stiftete Kaiser Konstantin eine fünfschiffige Basilika, die, als Salvatorkirche gegründet, Ende des achten Jahrhunderts aber der Märtyrerin Restituta geweiht wurde, deren Gebeine damals von der Insel Ischia überführt wurden. Im rechten Winkel zu dieser Kirche entstand um 500 eine zweite, die um 800 in größerer Pracht erneuert und später zum heutigen Dom umgebaut und vergrößert wurde. Dabei wurde die Fassade der Restituta zur Seitenschiffwand, die Kirche also zu einer Seitenkapelle des Doms. Ihre alten Säulenbasen und bescheidene Reste des frühchristlichen Mosaikfußbodens sind wieder sichtbar. Eine besonders lebendige Vorstellung von der Pracht der spätantiken Bauten gibt das Baptisterium, das auf etwa 470 datiert wird und dessen Mosaik-Gewölbeflächen Apostel und Evangelisten und Szenen aus Christi Leben zeigen. – In dieser Art dürften wohl viele der frühchristlichen Kirchen Süditaliens ausgestaltet gewesen sein. Die subtile Qualität der Mosaiken war vielleicht sogar vergleichbar mit denen in Santa Pudenziana oder Santi Cosma e Damiano in Rom, die noch ganz in der malerischen, noch nicht abstrahierenden Tradition der Spätantike stehen.

Odoaker war abgelöst worden durch den Ostgotenkönig Theoderich, der von Ravenna aus fast ganz Italien beherrscht hatte, aber 526, kurz vor der Gründung von Monte Cassino, gestorben war. Er hatte versucht, die spätantike Kultur weiterzutragen, und brachte noch eine Phase der Ruhe für das Land. Dann aber machte sich Byzanz auf, Italien zu erobern – oder zurückzugewinnen, je nach Lesart der komplizierten Rechtsverhältnisse in der Nachfolge des Römischen Reichs. Im Jahr 536 landete der byzantinische Feldherr Belisar in Reggio und zog nach Rom. Er belagerte Neapel, konnte die Stadt aber nur nach einem Verrat einnehmen. Damit war der Kampf um Süditalien nicht entschieden; er dauerte fast zwanzig Jahre lang. Zeitweise war die Akropolis von Cuma der Hort des gotischen Königsschatzes. Die letzte Gotenfestung im Süden fiel 555: Compsa (Conza), das zwischen Salerno und Melfi am Fluß Ofanto liegt. Zwei Jahre zuvor hatten Raubzüge der Alemannen entlang beider Küsten Italiens das Land noch weiter beunruhigt und ausgeplündert. Eine neue Bedrohung waren die Seeräuber, die anfingen, alle Hafenorte unsicher zu machen: Slawen von jenseits der Adria und Sarazenen aus Syrien, Nordafrika und Spanien.

Als nach dem Sieg von Byzanz unter Kaiser Justinian der Wiederaufbau der staatlichen und kirchlichen Ordnung begann, wurden in das Land griechische Strukturen und die griechische Sprache eingeführt. Die Reste der geschlagenen Goten siedelten die Byzantiner bei Caserta an, in einem Städtchen, das noch heute Sant'Agata dei Goti heißt – allerdings ist der Zusatz *dei Goti* neueren Datums. Die Byzantiner errichteten neue Kirchen, imposante Zentralbauten nach dem Vorbild der Hagia Sophia am Bosporus: etwa die Rundkirche von Nocera Superiore bei Salerno, oder in Canosa das Baptisterium und, über einem römischen Tempel, die Basilika San Leucio.

Gefährdete Küstenorte wurden ins Landesinnere auf gut zu verteidigende Bergkuppen verlegt. Die Byzantiner machten damit den Schritt, der in der Pax Romana möglich und wirtschaftlich geboten war, aus Sicherheitserwägungen rückgängig. Jedoch wurden dadurch die Küstenebenen vernachlässigt und das ausgeklügelte Entwässerungssystem der Römer nicht mehr instand gehalten: Die Flußmündungen, später die ganzen Ebenen, versumpften und wurden zu Brutstätten der Malaria, etwa die Unterläufe von Liri an der Grenze zwischen Latium und Kampanien oder Sele bei Paestum.

Beispiele für den Rückzug der Byzantiner in die Berge sind Rossano und, in späterer Zeit, Gerace oder Stilo. Rossano trat als wichtige Festung im Golf von Tarent die Nachfolge von Thurii – des römischen Orts an der Stelle von Sybaris – an. Dort wird ein beeindruckender Kodex verwahrt, der im sechsten Jahrhundert wahrscheinlich in Syrien auf purpurgefärbtes Pergament geschrieben wurde und wenig später hierher gelangte. Gerace war der wehrhafte Nachfolger der reichen griechischen Gründung Locri, die heute wieder an neuer Stelle entstanden und dank günstiger Lage an Eisenbahn, Küstenstraße und am Strand die

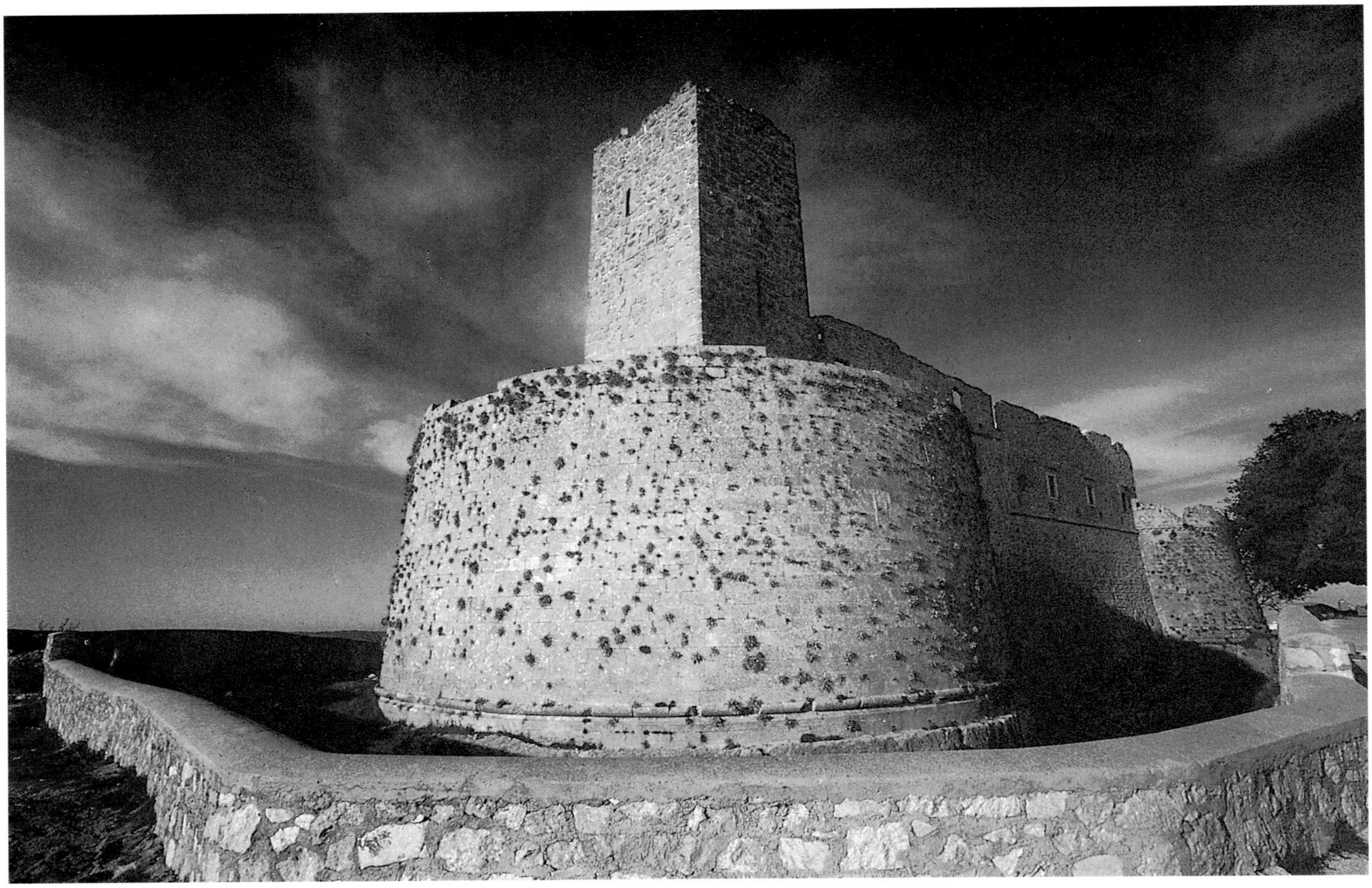

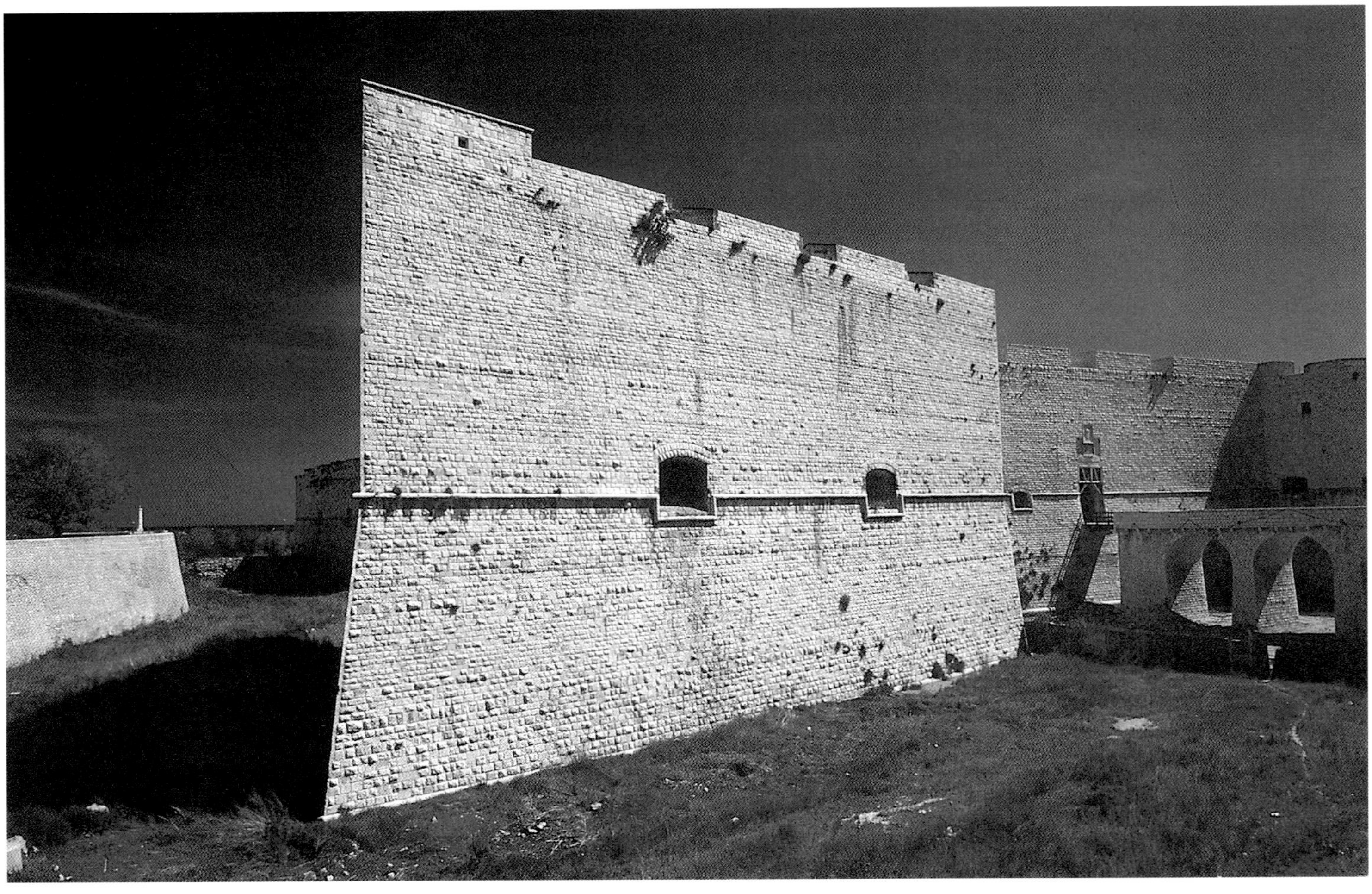

Führungsposition übernommen hat – eine Ironie der Geschichte. Stilo wiederum trat, allerdings erst im zehnten Jahrhundert, an die Stelle des griechischen Küstenorts Kaulonia und ist bekannt durch eine kleine Kuppelkirche in griechisch-orthodoxem Stil, die «Cattolica».

Doch die Zeit des Friedens unter den Byzantinern währte nicht lange: Im Jahr 568 waren die Langobarden in Italien eingefallen. Sie gründeten in der Lombardei, in Spoleto und wenig später auch in Benevent Herzogtümer, von denen aus sie Vorstöße in die Nachbargebiete unternahmen. So wurde 581 auch das Kloster Monte Cassino belagert und zerstört, dessen Gründervater 546 gestorben war. Die Mönche flohen mit der Handschrift der Ordensregeln vor den Langobarden nach Rom. Die Byzantiner wurden an die Küsten zurückgedrängt, konnten aber die wichtigsten Häfen halten. Erfolgreichen Widerstand leistete Kaiser Konstans II., der in Süditalien große Flächen zurückgewann und sein Reich von Sizilien aus regierte. Nach hundert Jahren ständiger Auseinandersetzungen kam es 680 zu einem Übereinkommen, in dem Byzanz und Rom die langobardischen Gebiete anerkannten. Damit begann zwar keine Phase des Friedens, aber die Militärlager der Langobarden konnten sich zu kultivierten Städten entwickeln.

Mittlerweile waren auch sie Christen geworden und förderten und gründeten Klöster. So entstand 717 auf Geheiß von Papst Gregor II. Monte Cassino wieder nach der benediktinischen Ordensregel – in der Zwischenzeit hatten Einsiedlermönche die Stellung gehalten. Monte Cassino gewann durch Schenkungen und den Zustrom von Gelehrten rasch an Bedeutung; auch die Originalhandschrift der Regeln kehrte bald zurück. Karl der Große besuchte im Jahr 787 das Kloster; der Geschichtsschreiber der Langobarden, Warnfried, der sich lateinisch Paulus Diakonus nannte, lebte und starb dort. Die Schreibstuben der Mönche kopierten antike Schriftsteller und Religionslehrer, sie trugen die Lehren der Philosophie und des Christentums in die ganze damalige Welt.

Wie die Langobarden die kulturellen Einflüsse aufgriffen und zu etwas Eigenständigem verarbeiteten, zeigt sehr schön die Sophienkirche in deren Hauptstadt Benevent: Typisch byzantinisch sind die Verehrung der «Sophia», der göttlichen Weisheit als Lenkerin der Welt, und die Konzeption als Zentralbau. Völlig neu aber ist die Verbindung von Sechs- und Zehneck, von Kreis und Stern, die sich auch im Grundriß nur unvollkommen offenbart. Herzog Arichis II. hat die Kirche und das dazugehörige Benediktinerinnenkloster im Jahr 762 weihen lassen. Zu jener Zeit schloß sein Herrschaftsgebiet Ortona bei Pescara, den Gargano, Bari, Velia, Salerno und Capua ein, nicht jedoch Brindisi, Tarent und die ganze Bucht von Neapel.

Benevent war seit etwa 680 auch Sitz des Bischofs, der zuvor in Siponto residiert hatte. Die Verlegung erfolgte, um die Legitimation der Hauptstadt zu bekräftigen und um einen Bezug zum Höhlenheiligtum des Erzengels Michael auf dem Gargano herzustellen. Die Grotte war 490 durch eine wundersame Erscheinung entdeckt und drei Jahre später vom Bischof von Siponto geweiht worden. Bald darauf besuchte sie auch der Papst; ein Kloster entstand um die heilige Stätte, die bald zu einem wichtigen Wallfahrtsort der Langobarden – und später der Normannen – wurde, die den kriegerischen Engel als Schutzpatron besonders innig verehrten.

Salerno war der wichtigste Hafen des Langobardenstaates und entwickelte sich zu einer reichen Stadt, die von Arichis II. stark gefördert, mit einer Burg befestigt und mit prunkvollen Bauten geschmückt wurde. Die Rivalität zwischen Salerno und Benevent verstärkte sich in den nächsten Jahrzehnten so sehr, daß der Langobardenstaat im Jahr 849 in die selbständigen Fürstentümer Benevent und Salerno geteilt wurde. Auch Capua stellte sich wenige Jahre später als drittes langobardisches Fürstentum auf eigene Füße.

Amalfi nutzte die internen Auseinandersetzungen der Langobarden, um sich als Freie Republik zu konstituieren. Die Bürger besiedelten ihre Stadt wieder, aus der sie die

Langobarden nach einer Belagerung vertrieben hatten, und gründeten am 1. August 839 ihre Republik. Der Aufstieg des kleinen Handelshafens zu einem der mächtigsten Seefahrerstaaten des Mittelmeers konnte beginnen.

Ein anderer Freistaat entstand 763 in Neapel: Der byzantinische Dux löste sich von der fernen Vormacht, ließ sich als Herzog Stephan II. zum Bischof von Neapel wählen und gewann seiner Familie beide Titel als erbliche Würde. Der Papst billigte diese Politik, denn damit begann für die Stadt eine Zeit der kulturellen Blüte unter lateinischem Ritus, der den byzantinischen Ritus verdrängte. Vierzigtausend Einwohner hatte Neapel damals und war für sein kunstreiches Handwerk berühmt: Bildhauer, Weber, Intarsienschreiner, Emailkünstler und Goldschmiede hatten hier ihre Heimat.

Aber Süditalien war keine Ruhezeit, keine Phase der friedlichen Entwicklung vergönnt: Die Sarazenen hatten 827 ganz Sizilien in ihre Gewalt gebracht und richteten ihr Augenmerk nun aufs Festland. Sie kamen als friedliche Händler oder starteten Kaperfahrten und schließlich perfekt organisierte Kriegszüge gegen die byzantinischen und langobardischen Städte. Im Jahr 840 eroberten und zerstörten sie Capua, sechs Jahre später griffen sie Neapel und Rom an, wo sie von Papst Leo IV. zurückgeschlagen wurden. Sie bauten Palermo zu einer Residenz voll morgenländischen Prunks aus und errichteten in Bari, Brindisi, Tarent und Agropoli Stützpunkte.

Kalabrien, das bis dahin relativ sicher und konstant unter byzantinischer Herrschaft gewesen war, hatte unter ihren Angriffen besonders stark zu leiden: Von 878 bis 883 bestand ein Emirat an der Westküste – über den Städten Amantea und Tropea. Die Bevölkerung zog sich immer mehr in die Berge von Sila und Aspromonte oder, weiter nordöstlich, in die Höhlensiedlungen von Matera, Mottola, Massafra, Laterza oder Gravina zurück. Die Klöster und die neuen Grottenkirchen sahen sich dem Zustrom geflohener Mönche und

Nonnen ausgesetzt, nicht nur aus Sizilien und Kalabrien, sondern auch aus Syrien, Ägypten und dem Heiligen Land.

Im Jahr 883 hatten die Sarazenen auch das Kloster von Monte Cassino zerstört. Die Mönche flohen nach Teano, wo einige Jahre später ihre provisorische Bleibe und die abermals gerettete Handschrift der Ordensregeln von einem Brand vernichtet wurde. Erst 950 kehrte eine Gruppe auf den Heiligen Berg zurück.

Im Kampf gegen die Sarazenen zeichnete sich unterdessen kein Erfolg ab, auch ein gemeinsamer Kriegszug der Kaiser Ludwig II. und Basileios I. von Byzanz brachte keine Wende; Langobardenangriffe, plündernde Ungarnheere – 938 und 946 – und Aufstände gegen die Byzantiner ließen Süditalien bis über die Jahrtausendwende hinaus nicht zur Ruhe kommen. Salerno und Amalfi indes trieben Handel mit allen Parteien und wurden reich dabei.

Seit sich Otto I. mit Billigung von Byzanz als Schutzherr der Kirche und Haupt der abendländischen Christenheit 962 vom Papst zum «Imperator Romanorum» hatte krönen lassen, erhoben die deutschen Kaiser einen Rechtsanspruch auf das Römische Reich.

Im Jahr 975 ordneten die Byzantiner ihr Herrschaftsgebiet neu; «Longobardia» und «Calabria» wurden jetzt zentral von Bari aus durch einen Katapan als Statthalter des Kaisers verwaltet. Daher leitet sich auch die Bezeichnung «Basilicata» ab, was soviel bedeutet wie «Land des Kaisers». Aber der Niedergang Ostroms war nicht aufzuhalten. Auch die Häfen verloren an Bedeutung, seit Byzanz Amalfi das Privileg für den Fernhandel erteilt hatte. Reggio, Gerace, Matera und Cosenza waren arabisch; sogar Bari wurde 1003 von den Sarazenen belagert und durch die venezianische Flotte befreit. Im Jahr 1009 begann eine massive antibyzantinische Erhebung, die ein Apulier namens Melus organisierte und die letztlich zum Ende der byzantinischen Herrschaft führen sollte.

Normannen und Staufer

An der Adriaküste beginnt Süditalien mit dem Gargano – mit jenem massigen Gebirge, das sich wie ein Sporn ins Meer schiebt. Auch wenn die kleine Region Molise mit zum Süden gezählt wird – der Gargano ist dessen erstes deutliches Zeichen. Das war er auch für die Seefahrer, die vor tausend Jahren im Mittelmeer unterwegs waren: Händler, Diplomaten, Pilger oder Piraten. Auch die Normannen haben ihn gekannt. Die gefürchteten «Nordmänner» hatten sich zwar um das Jahr 900 in der Normandie niedergelassen, aber junge Adlige, die zu Hause keine große Zukunft zu erwarten hatten, weil sie in der Erbfolge hintan standen oder sich Nachstellungen entziehen mußten, waren im Geist ihrer Vorfahren bis ins Mittelmeer, vielleicht sogar bis ins Heilige Land gefahren – nicht als fromme Pilger, sondern als profitorientierte Söldner der verschiedensten Kriegsherren.

So gelangte eine Schar von Normannen 1016 nach Apulien. Sie besuchten das Höhlenheiligtum Monte Sant'Angelo, denn der schwerttragende Engel erfreute sich auch bei ihnen besonderer Verehrung, wie das Kloster Mont-Saint-Michel in ihrer Heimat belegt. Auf dem Gargano trafen sie Melus, der sie für seinen Freiheitskampf gegen die Byzantiner anwarb. Ihr gemeinsamer Feldzug endete jedoch zwei Jahre später mit einem großen Sieg der byzantinischen Übermacht auf dem Schlachtfeld von Cannä. Die Normannen blieben als Söldner in Süditalien; Melus starb zwei Jahre später in Bamberg, wo er den deutschen Kaiser Heinrich II. um Hilfe bitten wollte.

Etwa zur gleichen Zeit landete eine andere Gruppe Normannen in Salerno, wo sie gegen die Sarazenen antraten und sich ebenfalls als tapfere Krieger bewährten.

Die beiden ersten schicksalhaften Auftritte der Normannen setzten einen ständigen Strom abenteuerlustiger junger Nordmänner nach Süditalien in Gang. Sie kämpften für Melus'

Freiheitsbewegung gegen Byzanz, für den Herzog von Neapel oder mit Salerno gegen die Sarazenen, dann wieder mit dem Katapan von Bari gegen die Sarazenen, auch mit diesen gegen die Langobarden – kurz, sie waren wendig und wußten sich stets ihren Vorteil zu sichern.

So dauerte es nicht lange, bis sie das erste Gebiet als Lehen bekamen: Um 1030 konnten sie sich in Aversa bei Capua niederlassen; 1038 erhielten sie sogar die kaiserliche Anerkennung.

Im selben Jahr kamen drei Brüder namens Hauteville nach Süditalien. Diese Familie sollte in den nächsten Jahrzehnten das Schicksal des Landes bestimmen. Nach nur fünf Jahren wurde der älteste der Geschwister, Wilhelm «Eisenarm», Graf von Apulien – ohne freilich das Land erobert zu haben. Aktions- und Herrschaftszentrum der insgesamt zwölf Normannenhäuptlinge, die in Süditalien operierten, war Melfi, eine Bergfeste in der nördlichen Basilicata. Ganz in der Nähe gründeten sie als normannische Grablege die Benediktinerabtei Venosa. Sie unternahmen getrennt ihre Raub- und Eroberungszüge und schlossen sich nur im Notfall zusammen. Das war schon wenig später erforderlich, als 1050 ein Aufstand ausbrach und sich auch der Papst gegen die allzu mächtig gewordenen Normannen wandte. Unter Führung des Hauteville Robert «Schlaukopf» Guiscard gelang es ihnen nicht nur, die Truppen des Papstes zu schlagen, sondern ihn selbst gefangenzunehmen. Durch geschickte Diplomatie – nicht mit Gewalt – erreichten sie, daß er ihnen Capua und die Herzogtümer Apulien, Kalabrien und das noch arabische Sizilien übertrug. Das war im Jahr 1059 – vier Jahre nach dem Schisma, der Kirchenspaltung zwischen Ost- und Westrom. Robert versprach, den Papst vor inneren und äußeren Feinden zu schützen, und überließ ihm die Stadt Benevent, die bis 1860 zum Kirchenstaat gehörte.

Guiscard eroberte Tarent, Brindisi und Reggio und setzte nach Sizilien über. 1071 rang er Bari nieder – die letzte byzantinische Festung in Apulien – und brachte zusammen mit seinem

Links: Canosa di Puglia, Bischofsstuhl des Romoaldus in der Kathedrale San Sabino. Rechts: Bischofsstuhl im Dom von Bari.

Bruder Roger, dem künftigen Herrn über Sizilien, Palermo zu Fall. Zwei Jahre später unterwarf sich Amalfi den Normannen, die 1077 auch Salerno stürmten, das seine Bedeutung als frühere Langobardenhauptstadt hatte halten können. Nun regierten die Normannen bis 1130 von hier aus ihren Staat. Weithin berühmt war die Medizinschule von Salerno, in der das gesamte ärztliche Wissen aus Orient und Okzident gelehrt wurde.

Im Jahr 1084 standen die Normannen erstmals vor Rom. Sie befreiten Gregor VII. aus der Belagerung durch Kaiser Heinrich IV. – um den Preis einer dreitägigen Plünderung der Ewigen Stadt.

Neapel war zu jener Zeit noch byzantinischer Freistaat – doch nicht mehr lange: 1139 unterwarf es sich als letzter Stützpunkt Ostroms in Süditalien den Normannen. Dem Erfolg waren harte innere Kämpfe der Normannenführer vorausgegangen, die schließlich Roger II. Hauteville von Sizilien für sich entschied. Nach einem militärischen Sieg über den Papst mußte dieser ihn, ebenfalls 1139, zum König «Beider Sizilien» krönen, das heißt zum König von Sizilien, Kalabrien und Apulien. Außerdem war er Herzog von Capua.

Doch die ruhige Entwicklung des Normannenreichs währte nicht lange: Der Enkel des zweiten Roger, Wilhelm II. der Gute, starb kinderlos im Jahr 1189. Drei Jahre zuvor hatte seine Tante den deutschen König Heinrich VI. aus dem Geschlecht der Staufer geheiratet. Dieser erbte nun das Südreich und ließ sich 1191 in Rom zum Kaiser krönen. Unterdessen war aber Tankred von Lecce, ein Normanne aus einer Seitenlinie der Familie Hauteville, zum König gekrönt worden und verteidigte seinen Anspruch. Er starb jedoch früh, der Staufer sicherte sich sein Erbe und nahm grausame Rache an Tankreds Nachkommen, die ihm als letzte Hauteville die Herrschaft hätten streitig machen können.

Heinrich VI., mittlerweile deutscher Kaiser, ließ sich 1194 in Palermo zum König von Sizilien krönen. Im selben Jahr wurde sein Sohn Friedrich geboren, der spätere Kaiser

Friedrich II. Nach dem frühen Tod seines Vaters wuchs Friedrich allein in Palermo auf, im Schnittpunkt von Morgenland und Abendland, von Süden und Norden, von Rom, Byzanz, Kairo und Jerusalem – in einem Kulturzentrum sondergleichen. Er lernte nicht nur spielerisch italienisch, arabisch und griechisch, sondern erwarb sich auch das Durchsetzungsvermögen, das ein Kaiser ohne Titel, ohne Land und ohne Heer braucht, um seine Ansprüche zu erkämpfen. Mit vier Jahren war er zum König von Sizilien gewählt worden – ein politischer Schachzug, denn sein Vormund, Papst Innozenz III., brauchte eine willfährige Marionette. Mit sechzehn Jahren aber wollte Friedrich selbst regieren. Er unterwarf sein Königreich, zog nach Deutschland, wurde zum deutschen König gewählt, sicherte von 1212 bis 1220 sein Nordreich, gründete vor allem im Südwesten zahlreiche Städte und wurde schließlich anno 1220 in Rom zum Kaiser gekrönt. Als Gegenleistung forderte der Papst einen Kreuzzug. Als dieser scheiterte, kam Friedrich unter den Bann. Aber die Zeiten des Canossagangs waren vorbei: Friedrich zog trotzdem ins Heilige Land und erlangte auf friedlichem Weg, nur durch sein Verhandlungsgeschick, den Zugang zu den heiligen Stätten. Die Auseinandersetzungen mit dem Papst rissen jedoch nicht ab, da Friedrich dessen Ansprüche und Besitzungen keineswegs heilig waren. So verfiel er 1239 abermals dem Bann.

Seine Herrschaft jedoch war die Zeit des höchsten Glanzes für Süditalien. Er errichtete einen für unsere Begriffe äußerst modernen Staat – mit dem Grundgedanken des Rechts und nicht des Gottesgnadentums. Er baute ein effizientes Verwaltungssystem auf, das Beamte führten. Zu ihrer Ausbildung gründete er 1224 – als Gegenpol zum guelfisch-päpstlich orientierten Bologna – die Universität von Neapel, das er als Kulturzentrum seines Reichs großzügig förderte. Die Hauptstadt war nach wie vor Palermo, Friedrichs bevorzugte Residenz jedoch Foggia in Apulien: vielleicht wegen der guten Verkehrsverbindungen in alle Welt, vielleicht wegen der weiten, ruhigen Landschaft, in der sich der Kaiser bei der Jagd zu erholen pflegte. Ganz in der Nähe von Foggia, auf Castel Fiorentino, starb Friedrich II. im Jahr 1250 – getreu einer alten Weissagung, daß er einst «sub fiore», «unter der Blume», den Tod erleiden würde.

Deswegen hatte er zeitlebens Florenz gemieden – aber wohl nicht an Castel Fiorentino gedacht. Und ob er tatsächlich der Ruhr erlag oder einer vergifteten Birne, wird wohl auf ewig im Dunkel der Geschichte bleiben.

Normannen und Staufer festigten nicht nur die geopolitische Bindung Süditaliens an das Abendland, sondern begründeten auch die Macht der katholischen Kirche und ihrer Kultur: Als «Schutzherren» des Papstes gewährleisteten sie die Verbreitung des lateinischen Ritus über das zunächst noch in großen Teilen byzantinische Land. Damit erlösten sie es von den drückend hohen Steuerlasten Ostroms und brachten – vor allem in Kalabrien – den Städtern neuen Wohlstand. Zahlreiche Klöster, die Ackerbau und Viehzucht betrieben, und viele neue Kirchen entstanden, die der Papst großzügig mit der Bischofswürde versah.

Diese geistige und politische Aufbruchstimmung hat der Abt Desiderius maßgeblich mitgestaltet. Er erneuerte seit 1058 das Kloster Monte Cassino in der alten Tradition und gewann dessen frühere Macht und Ausstrahlung zurück. Sämtliche Strömungen, die das Land über Jahrhunderte geprägt hatten, wurden nun aufgegriffen und zu einer neuen Einheit verschmolzen: Desiderius ließ kostbare römische Säulen und Kapitelle sammeln, holte Bauhütten aus Amalfi und aus der Lombardei, warb in Byzanz Fachleute für Mosaikarbeiten und Intarsien, kaufte dort Email- und Bronzegußarbeiten, hieß Künstler Schulen gründen und richtete im Kloster eine Akademie ein, in der prachtvolle Evangeliare und Handschriften entstanden. All dies floß in einem Klima größter Kreativität zusammen und strahlte ins ganze Land aus. Auch islamische Formen waren keineswegs verpönt, sofern sie die neuen christlichen Gesamtkunstwerke schmückten und damit zum Lob Gottes beitrugen.

Das Kloster von Monte Cassino ist im Bombenhagel des Zweiten Weltkriegs völlig zerstört worden, so daß wir andere Beispiele suchen müssen: In Aversa, ihrem ersten Lehen, ließen

Fortsetzung Seite 105   *Legenden zu den Bildern 42 bis 55 Seite 63*

42

45

47

48

52

53

Kathedrale von Bitonto, mit Rosette über dem reichverzierten Hauptportal.

Repräsentationsräumen im ersten Stock führt. Es gibt auch kreative Varianten arabischer oder byzantinischer Formen: Gravina oder Palazzo San Gervasio bei Venosa – und Festungen, die sich perfekt dem Gelände anpaßten: Castel dell'Ovo in Neapel oder Melfi.

Die schönsten Residenzen hat Friedrich II. bewohnt. Dieser universell gebildete Machtmensch, den seine Zeitgenossen schon als «Stupor mundi», als «Staunen der Welt» bewunderten, verstand es, alle Einflüsse und Traditionen seines riesigen Reichs zu vereinen. Die schlichte Strenge der Zisterzienser, deren Orden er förderte und die als «Väter der Gotik» galten, bildete das Grundprinzip seiner Bauten. Ausgestattet waren sie mit Sammlungen antiker Skulpturen und all dem morgenländischen Prunk, den er seit seiner Jugendzeit in Palermo schätzte.

Kaum eine Spur ist von seinem prachtvollen Palast in Foggia übriggeblieben, von den botanischen Gärten, Wasserspielen, Menagerien und Harems, von denen empörte und neidische Berichte erzählen. Auch das Turmschloß in Lucera ist stark zerstört.

Lucera war damals eine islamische Stadt: Friedrich hatte dorthin die Sarazenen zwangsumgesiedelt, die vorher in Sizilien ständig für Unruhe gesorgt hatten. In Lucera konnten sie nun unbehelligt, ja privilegiert leben und wurden rasch zu den treuesten Anhängern des Kaisers, der aus ihnen seine Leibwache rekrutierte. Er brauchte die gewaltige Ringmauer nicht, die heute die Reste des Schlosses umgibt, so sicher war er sich der Sarazenen.

Seinen imperialen Machtanspruch demonstriert das Brückentor in Capua: Ein befestigter antikisierender Triumphbogen überspannte die Via Appia und markierte die Grenze zum Kirchenstaat.

Absoluter Höhepunkt der staufischen Architektur ist aber Castel del Monte – jenes einzigartige Schloß, das so oft als «Kaiserkrone» beschrieben wird. Es war sicher auch eine Demonstration kaiserlicher Macht, daneben aber ein Stück Architektur von höchster Rein-

107

108

heit – vergleichbar vielleicht mit der geometrischen Logik der Pyramiden: Castel del Monte hat die Form eines regelmäßigen Achtecks mit acht achteckigen Türmen und einem achteckigen Innenhof. Es liegt auf einem beherrschenden Bergkegel der Murge, der hügeligen und einst dichtbewaldeten Region westlich von Andria – ideal für die «Kunst, mit Vögeln zu jagen», die der Kaiser in einem Buch eingehend beschrieben hat. Das Schloß war ein höchst angenehmer Aufenthalt, mit marmor- und mosaikverkleideten Wänden und Böden, feinen Teppichen und großen Kaminen für den Winter, mit Toilettenräumen und fließendem Wasser. Ob Friedrich II. je darin gewohnt hat – zehn Jahre vor seinem Tod war der Bau noch nicht weit fortgeschritten –, oder ob er womöglich den genialen Grundriß selbst gezeichnet hat, ist völlig unerheblich: Das Schloß ist ein gültiger Ausdruck des «Stupor mundi», ebenso schön und schrecklich, ebenso konsequent und wie der Kaiser selbst ohne Vorbild und ohne Nachwirkung.

Denn das war die Tragödie seines Lebens: Er starb auf der Höhe seiner Macht, ohne seine Herrschaft dauerhaft seinen Nachkommen sichern zu können. Mit Friedrichs Tod neigte sich auch das Reich der Staufer seinem Ende entgegen.

Sein ältester Sohn Heinrich hatte sich 1235 als deutscher König gegen den Kaiser empört, war entmachtet und gefangengesetzt worden, beging sieben Jahre später in Süditalien Selbstmord und wurde im Dom von Cosenza bestattet. Der Zweitälteste, Enzio, war ein Jahr vor dem Tod des Vaters von den Bolognesen gefangengenommen worden und sollte die papsttreue Stadt nie mehr verlassen. Einziger legitimer Nachfolger des Kaisers war somit Konrad IV., der seit Heinrichs Absetzung deutscher König war. Im Jahr 1251 zog er, dreiundzwanzigjährig, gen Süden, um sein Erbland wieder unter seine Gewalt zu bringen, da ihm der Papst das Lehen Süditalien verweigerte. Verwaltet hatte es in Apulien unterdessen sein jüngerer Halbbruder Manfred, der Gründer der Stadt Manfredonia am Fuß des Gargano.

Konrad gelang es, Neapel zu erobern, das sich nach dem Tod des Kaisers zur freien Gemeinde erklärt hatte. Bevor er seine Erfolge ausbauen und sichern konnte, starb er 1254 an der Malaria. Sein Sohn Konradin war damals gerade zwei Jahre alt. So ließ sich Manfred anno 1258 zum König von Sizilien krönen – in Palermo und in Anwesenheit der Erzbischöfe von Salerno, Sorrent, Monreale und Tarent und des Abts von Monte Cassino.

«Re Manfredi» regierte in den nächsten Jahren von Palermo aus mit Erfolg sein Reich, förderte die Künste, vor allem die Universität von Neapel, und pflegte weitreichende kulturelle und wirtschaftliche Verbindungen – nach Norditalien, Venedig, Tunesien, Spanien und Epiros in Nordgriechenland. Für den Kirchenstaat war Manfred keine geringere Bedrohung als sein Vater. Papst Urban IV. rief zum Kampf gegen die verhaßten Staufer auf, versprach sogar die gleichen Ablässe wie für einen Kreuzzug, und sein Nachfolger Clemens IV. belehnte Karl von Anjou mit dem Königreich Neapel-Sizilien. Der brutale und machtbesessene Bruder Ludwigs des Heiligen von Frankreich wurde am 6. Januar 1266 in Rom gekrönt. Sieben Wochen später besiegte er Manfreds Heer bei Benevent. Der Staufer fiel, seine Frau und seine Kinder wurden grausam eingekerkert – so, als wollte sich das Schicksal nun an den letzten Staufern für die Untaten rächen, die ihr Urgroßvater an den letzten Hauteville begangen hatte.

Aber noch war das verhaßte Geschlecht nicht erloschen: In Deutschland wuchs Konradin auf, der Sohn von Konrad IV. und der bayerischen Herzogtochter Elisabeth. So wie einst sein Großvater Friedrich von Palermo nach Norden gezogen war, so machte er sich als Fünfzehnjähriger auf, um das Kernland seines Erbes und seine Ansprüche zu erkämpfen. Doch das Glück des Großvaters war ihm nicht hold: Er wurde im August 1268 bei Tagliacozzo in den Abruzzen besiegt und auf der Flucht gefangengenommen. Karl I. von Anjou ließ ihn in einem Schauprozeß zum Tode verurteilen und mit seinen Gefährten enthaupten.

Französische und spanische Herrschaft

Auf dem Marktplatz von Neapel endete das Leben des jungen Konradin – und damit die Epoche der Staufer. Karl von Anjou tat alles, die Erinnerungen an seine Vorgänger auszulöschen: Niemand kennt Konradins Grab; sein Denkmal in Santa Maria del Carmine in der Nähe des Marktes ließ erst 1847 der damalige bayerische Kronprinz Maximilian errichten. Der Richtblock aber, auf den Konradin sein Haupt legte, ist erst in jüngster Vergangenheit verschwunden: Jahrhundertelang war der Stumpf einer Porphyrsäule in der kleinen Barockkirche Santa Croce zu sehen. Nach dem Erdbeben von 1981 wurde die Kirche jedoch aufgelöst, der Stein verschwand in irgendeinem Magazin.

Der Marktplatz liegt heute fast mitten in der Stadt – im 13. Jahrhundert befand er sich weit vor ihren Toren. Nach dem Blutgericht an den Staufern diente er als Richtstätte der neuen Residenzstadt. Karl von Anjou hatte seinen Herrschersitz von Palermo hierher verlegt, schuf jedoch keinen neu strukturierten Staat, sondern übernahm weitgehend das Verwaltungssystem der Staufer. Die großen Güter übertrug er französischen Feudalherren, die aber meist in Neapel residierten, zumal sie jährlich für eine gewisse Zeit am Hof anwesend sein mußten. Sie pflegten ihre Ländereien nicht, sondern beuteten sie aus. Der Ackerbau wurde vernachlässigt, die Wanderschafhaltung breitete sich zunehmend aus. Apulien sank immer mehr zu einer verarmten Agrarprovinz herab. Es heißt, in jener Zeit seien auch die märchenhaften *Trulli* zwischen Bari, Brindisi und Tarent entstanden: mörtellos geschichtete Steinbauten mit einem unechten Gewölbe unter dem kegelförmigen Dach, da festgemauerte Häuser höher besteuert worden wären...

Allenfalls die Küstenorte konnten sich durch den Handel noch einen bescheidenen Wohlstand sichern, gerieten aber nach und nach in Abhängigkeit des mächtigen Venedig, das in den Häfen Niederlassungen unterhielt und durch einen Konsul in Trani vertreten war. Oder sie mußten sich bei norditalienischen Banken verschulden, um ihre Abgaben leisten zu können. Immer wieder erschütterten Unruhen das Land, ohne die Herrschaft abschütteln zu können. Die Sizilianer hatten mehr Erfolg: 1282 verjagten sie in der «Sizilianischen Vesper» die Anjou und übergaben die Gewalt über ihre Insel dem Haus Aragon. Der erste König, Peter, hatte die Tochter des Staufers Manfred geheiratet, die nach langer Gefangenschaft in Neapel freigelassen worden war, und wahrte so das staufische Erbe.

In Süditalien konzentrierten sich die Anjou auf die Sicherung ihrer Herrschaft: Sie verstärkten die bestehenden Kastelle gegen äußere Feinde und errichteten Zwingburgen zum Schutz vor Aufständen. So entstand die gewaltige Wallanlage um Friedrichs Turmschloß in Lucera oder Castel Nuovo und später Castel Sant'Elmo in Neapel. Die «neue Burg» – im Gegensatz zum alten Castel dell'Ovo – war zeitweise auch der wehrhafte Wohnsitz der Könige. Der einfache Vierflügelbau folgte normannischen Mustern, die Kapelle jedoch wurde schon im Geist der Gotik gestaltet.

Die Anjou haben den neuen Stil, der ja ursprünglich aus Frankreich kam, stark gefördert. Jedoch blieb seine Ausbreitung – schon aus Kostengründen – im wesentlichen auf die Hauptstadt beschränkt. Neapel war um 1300 die stark expandierende Metropole des ganzen Südens und hatte etwa fünfundzwanzigtausend Einwohner. Neue Klöster siedelten sich an; so entstanden San Domenico Maggiore, Santa Chiara und San Lorenzo Maggiore mit seiner besonders reinen gotischen Apsis, an der französische Bauhütten gearbeitet hatten. Aber auch sarazenische Handwerker waren nach wie vor in Lohn und Brot; die Anjou lernten rasch, deren kunstvolle Arbeiten zu schätzen.

Eine besondere Blütezeit erlebte Neapel während der Regierung von König Robert dem Weisen (1309–1343). Er verstand es, namhafte Künstler aus ganz Italien, ja aus ganz Europa an seinen Hof zu ziehen und ihn auch zum geistigen Mittelpunkt des Landes zu machen. Thomas von Aquin, Boccaccio und Petrarca waren bei ihm zu Gast, aber auch der Bildhauer Tino di Camaino oder die Maler Simone Martini und der große Giotto di Bondone. Dieser lebte drei Jahre in Neapel, hinterließ zwar kein wichtiges Werk, prägte aber das Schaffen zahlreicher Zeitgenossen und Schüler. Es war die Zeit großer Freskenzyklen: Ein monumentales Beispiel in der Provinz ist das spätgotische «Jüngste Gericht» in der Annunziata von Sant'Agata dei Goti, auf dem die Verdammten die schrecklichsten Höllenstrafen erleiden. Noch ganz byzantinisch dagegen sind die Bilder in den Höhlenkirchen in und um Matera, die ebenfalls um jene Zeit entstanden.

Die Renaissance begann in Neapel annähernd mit der Herrschaft des Hauses Aragon: Im Jahr 1442 vertrieb Alfons der Großherzige den letzten Anjou – die Erbrechte der beiden waren nicht ganz geklärt – und wurde König von Neapel und Sizilien. Zu Ehren seines feierlichen Einzugs in die Stadt wird dem Tor des Castel Nuovo ein Triumphbogen vorgeblendet, der in bester antiker Manier den Herrscher verherrlicht. Ein anderes Beispiel ist die Porta Capuana: ein von zwei Türmen flankiertes, elegantes Stadttor – oder die unnahbare Festung Le Castelle auf einem Inselchen an der ionischen Küste bei Crotone. Solche Küstenburgen und «Sarazenentürme» waren bitter nötig als Beobachtungsposten, denn die Meere rund um Süditalien wurden damals von – meist moslemischen – Piraten und den türkischen Flotten unsicher gemacht. Im Jahr 1480 stürmten die Türken die Hafenstadt Otranto im östlichen Apulien und massakrierten die Einwohner («800 Märtyrer von Otranto»). Erst nach über einem Jahr konnte der osmanische Brückenkopf zurückerobert werden. Otranto stand dann zeitweise unter der Herrschaft der Venezianer, die von 1496 bis 1509 auch Trani als Pfand besaßen.

Unterdessen war Neapel von einem französischen Heer unter König Karl VIII. eingenommen worden, der jedoch 1503 mit Hilfe der Spanier vertrieben wurde, die das Königreich Neapel ihrem eigenen Riesenreich angliederten. Damit verlor Süditalien seine politische

112

Basilicata

Feste und Alltag

Legenden zu den Bildern 56 bis 89

BASILICATA *Seite 117 bis 132*

56   Landschaft des südlichen Appennino Neapolitano bei Melfi. Abgeerntete Felder im August.

57   Landschaft der Basilicata, südlich von Matera an der Via Appia, der von Rom nach Brindisi führenden alten Staatsstraße.

58   Pietrapertosa in über tausend Meter Höhe über dem Meer in den «Lukanischen Dolomiten» gelegen.

59, 60   Im Süden von Potenza geht die weite Hügellandschaft Lukaniens, der heutigen Region Basilicata, in die zerklüfteten Felsengebirge der Dolomiti Lucano über.

61, 62   Ruoti in der Provinz Potenza. In mehreren Gängen wird die Schafwolle gewaschen.

64, 64   In Tolve: Herstellung von Tomatenmark für den privaten Gebrauch einer Großfamilie.

65   In Montescaglioto, einem alten Bergstädtchen südlich Materas, scheint die Zeit stehengeblieben zu sein.

65 bis 69   In der Basilicata: Die Früchte der schweren Arbeit sind geerntet und werden auf dem Markt angeboten.

70   Metaponto am Golf von Tarent: Vor den Resten der alten Griechenstadt Metapontum posiert ein Hochzeitspaar für den Photographen.

71   Matera, ein Hauptort der Basilicata, zugleich eine der schönsten Städte des Südens. Am Rand der Felsschlucht die Sassi, die Häuser der Unterstadt, auf dem höchsten Punkt der Dom im romanisch-apulischen Stil.

72   Matera: das Häuserlabyrinth der Sassi. Links Santa Maria de Idris, rechts die Felsenkirche San Pietro Cavesco.

FESTE UND ALLTAG *Seite 141 bis 144*

73   Straßenkehrer in Acerenza, einst die Hauptstadt Lukaniens, der heutigen Basilicata.

74   Cosenza in Kalabrien. Die Altstadt hat viele Treppen, Torbögen und dunkle Hinterhöfe, in welchen oft kleine Werkstätten eingerichtet sind.

75   In der Altstadt von Acerenza. Korbflechter vor dem Portal eines Barockpalais.

76   Altamura, Hauptstadt der Murge. In der Altstadt, sauber geweißt, Weinkeller und Käsereien.

77   Scanno, ein kleiner Bergort in den Abruzzen.

78   Töpfer in Grottaglie, dem Keramikzentrum Apuliens.

79   Ein Bildhauer in Lecce, der Barockstadt Apuliens. Der Kalktuff ist weich und gut zu bearbeiten, wenn er frisch aus dem Boden kommt.

80   Cosenza in Kalabrien. In der Werkstatt eines Gitarrenbauers.

81   Im apulischen Gallipoli: ein Korbflechter.

92   Vor einem Trullo in Cisernico, nahe der Stadt Ostuni.

83   In Locorotondo, in der Trullizone Apuliens.

84   Nach alter handwerklicher Technik wird die Wolle der Schafe verarbeitet: in einer Webwerkstatt bei Locorotondo.

85   Ein Ministrantenzug in Otranto, von den freundlich-spöttischen Blicken der Schönen der Stadt begleitet.

86   Processione dei Misteri, der Karwochen-Umzug in Sessa Aurunca bei Neapel. Marien- und Jesusstatuen, die Heiligen des Ortes werden unter Baldachinen getragen.

87   Sessa Aurunca, in der Nacht zum Karsamstag. Die Prozession, erhellt von Fackeln und Reisigfeuern, ist auf dem Rundweg zu allen Kirchen des Ortes.

88   Die Prozession vor dem Dom in Sessa Aurunca.

89   In der von drangvoll-vitalem Leben erfüllten Altstadt von Neapel.

Piazza Duomo in Lecce. Der von Dom, Palazzo del Seminario und Bischofspalast umgebene Platz gilt als harmonischstes Barockensemble des Südens.

Seite 112:
Die Barockstadt Apuliens: Lecce. Figurenskulpturen der Kirche del Carmine.

Selbständigkeit und unterlag fortan der Verwaltung spanischer Vizekönige. Die Spanier befestigten zwar die Küsten, konnten aber weder die Angriffe der Franzosen auf Catanzaro, Barletta und Molfetta verhindern, noch die inneren Unruhen gegen die Fremdherrschaft oder die Kaperfahrten der türkischen Piraten. Immer mehr zog sich die Bevölkerung ins sichere Landesinnere zurück und ließ die Küstenebenen brach liegen. Sie versumpften und wurden zu Brutstätten der Malaria.

Neapel war inzwischen zu einer Großstadt gewachsen: Um das Jahr 1500 hatte es schon rund hundert-, hundert Jahre später sogar zweihundertvierzigtausend Einwohner! Längst waren seine alten Grenzen gesprengt. So war die neue Stadtmauer von 1530 nicht nur eine militärische, sondern auch eine städtebauliche Notwendigkeit. Ein gewaltiger Festungsring verband die drei Kastelle Sant'Elmo, Nuovo und dell'Ovo und gab der Stadt ein völlig neues Gesicht. Das barocke Neapel konnte sich auf einem neuen urbanistischen Konzept entfalten. Noch heute bestimmt es das Bild der Innenstadt: das System von Via Toledo und «Spaccanapoli», in das die Residenz Palazzo Reale und die dichtbesiedelten *quartieri* eingefügt sind, deren Häuser seit dem Erdbeben von 1981 dringend einer Sanierung bedürfen – vielleicht auch eines neuen städtebaulichen Konzepts, das die schmalen Gassen und das Autozeitalter unter einen Hut bringt.

Das reichste Barockkunstwerk Neapels, ja ganz Süditaliens ist die Kapelle des heiligen Gennaro (Januaris) im Dom, in der ein Akkord von Architektur, Malerei und Skulptur – jeweils mit viel Gold – den Stadtheiligen verherrlicht. Die Kapelle dient als Hort der wertvollsten Reliquien des Märtyrers: seines Schädels und zweier Ampullen mit seinem Blut, das sich regelmäßig an zwei Terminen im Jahr verflüssigt.

Zweites wichtiges Barockensemble Süditaliens: Lecce im südlichen Apulien. Seit dem 15. Jahrhundert war die Stadt durch ihre geschützte Lage und weitreichenden Handel zu

Fortsetzung Seite 133

113

Christus ist niemals bis hierher gelangt, ebensowenig wie die Zeit, die individuelle Seele, die Hoffnung oder das Band zwischen Ursache und Wirkung, wie die Vernunft und die Geschichte. Christus ist nicht bis hierher vorgedrungen, wie auch die Römer nicht bis hierher vorgedrungen waren, welche die großen Straßen beherrschten, aber sich von den Bergen und Wäldern fernhielten, ebensowenig wie die Griechen, welche am Meer die blühenden Städte Metapont und Sybaris bewohnten. Keiner der kühnen Männer des Westens hat bis hierher den Sinn für die sich wandelnde Zeit, seine Staatstheokratie oder seinen ewigen, sich selbst noch steigernden Tatendrang gebracht. Niemand hat diese Erde berührt, es sei denn als Eroberer oder als Feind oder als verständnisloser Besucher. Die Jahreszeiten gleiten über die Mühsal der Bauern dahin, heute wie dreitausend Jahre vor Christi Geburt; keine menschliche oder göttliche Botschaft wurde an diese halsstarrige Armut gerichtet. Wir reden eine andere Sprache: unsere Worte sind hier unverständlich.

Carlo Levi

59

60

61

62

68

69

Wohlstand gelangt und hatte sich zu einem Kulturzentrum entwickelt, das über die engen regionalen Grenzen hinaus Bedeutung besaß. Zwischen 1600 und 1800 entstanden in Lecce prachtvolle Kirchen und Paläste, die geradezu überquellen von einem unglaublich üppigen und bizarren Dekor. Da der östliche Kalkstein so weich ist, daß er sich fast wie Holz schnitzen läßt, aber an der Luft goldgelb nachhärtet, konnten die Steinmetze ihrer Phantasie freien Lauf lassen: Gedrehte Säulchen, gekurvte Rahmen und verkröpfte Bekrönungen, wehende Bänder und Schleier, Fruchtkörbe, Putten und Karyatiden bedecken Fassaden und Altäre so dicht, daß die Architektur geradezu unter dem Dekor verschwindet. Am eindrucksvollsten sind die Fassade von Santa Croce und die Gruppe von Dom, Bischofspalast und Priesterseminar.

Ein weiteres Beispiel: die Kartause von Padula, ein gewaltiger Komplex im Süden von Kampanien. Um 1700 entstand der riesige Kreuzgang, dessen vierundachtzig Arkaden ein Geviert von fünfzehntausend Quadratmetern umschließen. Prunkvoll ist die Ausstattung der Wohnung des Abts und der Gemeinschaftsräume, vor allem der Kirche, des Kapitelsaals und der Sakristeien.

Nach dem Spanischen Erbfolgekrieg fiel Süditalien 1713 an die österreichischen Habsburger, schließlich 1743 zurück an die Bourbonen und wurde, vereint mit Sizilien, wieder ein selbständiges Reich. Für Neapel begann eine Phase der Aufklärung mit den ersten systematischen Ausgrabungen von Pompeji und Herculaneum, in der Museen eingerichtet wurden und in der die berühmten Majolika-Manufakturen den Kreuzgang von Santa Chiara ausschmückten. Zum Geist jener Zeit gehörte aber auch der Absolutismus, der in prunkvollen Residenzen versuchte, den Glanz eines «Sonnenkönigs» zu schaffen: 1738 wurden die Grundsteine zum Schloß Capodimonte oberhalb von Neapel und zur Sommerresidenz Portici bei Herculaneum gelegt.

Im Jahr 1752 dann der Baubeginn in Caserta: In ländlicher Abgeschiedenheit, gut fünfundzwanzig Kilometer von Neapel entfernt, entstand eine gewaltige Zweiflügelanlage nach dem Vorbild von Versailles – mit einer riesigen Grünanlage, Wasserspielen, englischen und französischen Gärten und sogar einer künstlichen Ruine. Caserta ist Ausdruck eines späten Königtums, das sich auf einen hohlen höfischen Prunk stützte – und vergleichbar mit den Architektur-Inszenierungen, die sich Ludwig II. von Bayern errichten ließ.

Die Französische Revolution berührte Süditalien nur indirekt: Nicht die Italiener selbst, sondern französische Truppen riefen 1799 die «Parthenopeische Republik» aus, der allerdings kein langes Leben beschert war. Im Januar 1806 ließ Napoleon, seit einem Jahr König von Italien, Neapel besetzen. Zuerst regierte sein Bruder Joseph, dann bis 1815 sein Schwager Joachim Murat. Danach fiel das Königreich Neapel wieder an die Bourbonen, die sich mit englischer Hilfe auf Sizilien gehalten hatten. Napoleon hatte zwar nur für wenige Jahre ganz Italien zu einem Staatsgebiet zusammengefaßt, ehe es wieder in die mittelalterliche Zersplitterung zerfiel. Aber er hatte den Italienern gezeigt, daß eine nationale Einigung möglich war, und löste das *Risorgimento*, die «Wiedergeburt» der italienischen Nation, aus. Noch bis 1870 sollte es jedoch dauern, bis der erste König, Vittorio Emanuele, in Rom einziehen konnte. Süditalien hatte daran entscheidenden Anteil.

Der Weg zum geeinten Italien

Auf Sizilien begann im Mai 1860 Giuseppe Garibaldis historischer «Zug der Tausend», der durch ganz Süditalien nach Neapel führte und das bourbonische Königreich Neapel mit dem von Sardinien-Piemont vereinigte, das König Vittorio Emanuele II. von Turin aus regierte. Dieser war Exponent des Risorgimento, der italienischen Einigungsbewegung, die im ersten Drittel des 19. Jahrhunderts durch Giuseppe Mazzinis Untergrundbewegung «Junges Italien» in Gang gekommen war. Seit 1848 war Camillo Graf Cavour, der Premierminister von Vittorio Emanuele, der Führer der Bewegung. Garibaldis Freischaren waren sozusagen die revolutionäre Speerspitze des Kampfs gegen die Bourbonen, gegen den Kirchenstaat und gegen Österreich, das weite Teile Norditaliens besaß.

Am 5. Mai 1860 segelte Garibaldi von Genua aus mit insgesamt 1090 Freiwilligen nach Sizilien, nachdem er in der Toskana kleinere Truppenkontingente abgesetzt hatte, die zur Ablenkung von Norden her Scheinangriffe auf den Kirchenstaat führen sollten. Garibaldi landete am 11. Mai in Marsala auf Sizilien und marschierte in einem triumphalen Eroberungszug nach Osten. Er nahm Palermo und Milazzo, umging Messina und kam Mitte August nach Taormina. Am 21. August setzte er mit inzwischen dreitausend Freiwilligen auf zwei amerikanischen Dampfern nach Reggio über, das am nächsten Tag kapitulierte.

Dann eilte er an der tyrrhenischen Küste nach Norden, während sich ständig weitere Freiwillige seinen Truppen anschlossen. Die Bevölkerung empörte sich gegen die Bourbonen, und deren – neapolitanische – Soldaten liefen zu Garibaldi über. Entlang der heutigen Staatsstraße 19 erreichte er, an Catanzaro vorbei, am 31. August Cosenza. Über Mormanno zog er nach Scalea und mit dem Schiff nach Sapri. Am 6. September war er mittags in Eboli, abends in Salerno, wo ihm ein offizieller Ehrenempfang bereitet wurde, während am selben Tag König Franz II. aus Neapel in die Festung Gaeta floh.

Garibaldi fuhr mit der Kutsche weiter nach Vietri, von dort mit einem Sonderzug nach Neapel, wo er vom Balkon der Forestiera – des königlichen Gästehauses, der heutigen Präfektur – eine vielbejubelte Ansprache hielt. Ganz Neapel war auf seiner Seite, aber noch besaßen die Bourbonen die Festungen Capua und Gaeta. Die nächsten Wochen hielt sich Garibaldi teils in Neapel, teils im Schloß von Caserta auf, brach den letzten Widerstand in und um Neapel und bereitete sich auf den entscheidenden Kampf vor. Währenddessen zog Vittorio Emanuele von Norden her nach Neapel. Am 1./2. Oktober konnte Garibaldi dem Angriff der Bourbonen, die wieder zurück nach Neapel drängten, erfolgreich begegnen. Am 26. Oktober traf er bei Vairano, nördlich von Capua, mit Vittorio Emanuele zusammen. Nach dem Fall von Capua zogen die beiden am 7. November im Triumph in Neapel ein.

Garibaldis Mission war damit beendet; er kehrte in sein Domizil auf der Insel Caprera nördlich von Sardinien zurück. Die Bourbonen konnten Gaeta noch bis zum 13. Februar 1861 halten, aber unterdessen hatten Abstimmungen im ganzen Land eine überwältigende Mehrheit für das geeinte Italien unter Vittorio Emanuele ergeben. Danach dauerte es keine zehn Jahre mehr, bis er Rom einnehmen und ganz Italien unter seiner Herrschaft einen konnte. Die Ewige Stadt wurde – nach Turin und Florenz – endgültig Hauptstadt Italiens, der Mezzogiorno sank wieder zu einer Provinz herab. Süditalien spielte fortan keine eigenständige Rolle mehr in der Geschichte des Landes.

Piazza Dante in Neapel, in der Mitte das Denkmal des Dichters.

Piazza Monteoliveto in Neapel. Brunnen mit dem Denkmal Karls II. von Spanien.

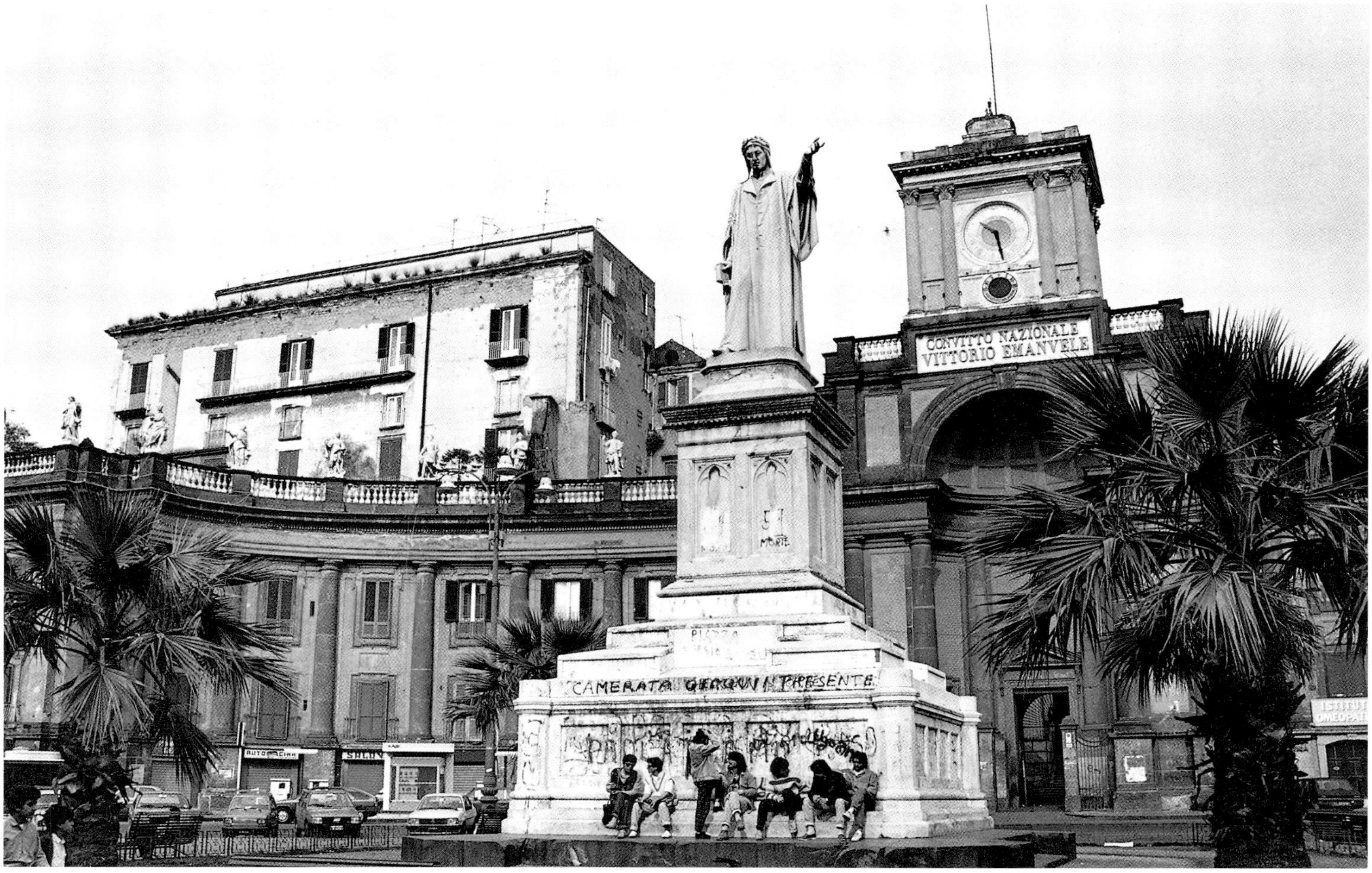
CONVITTO NAZIONALE
VITTORIO EMANVELE

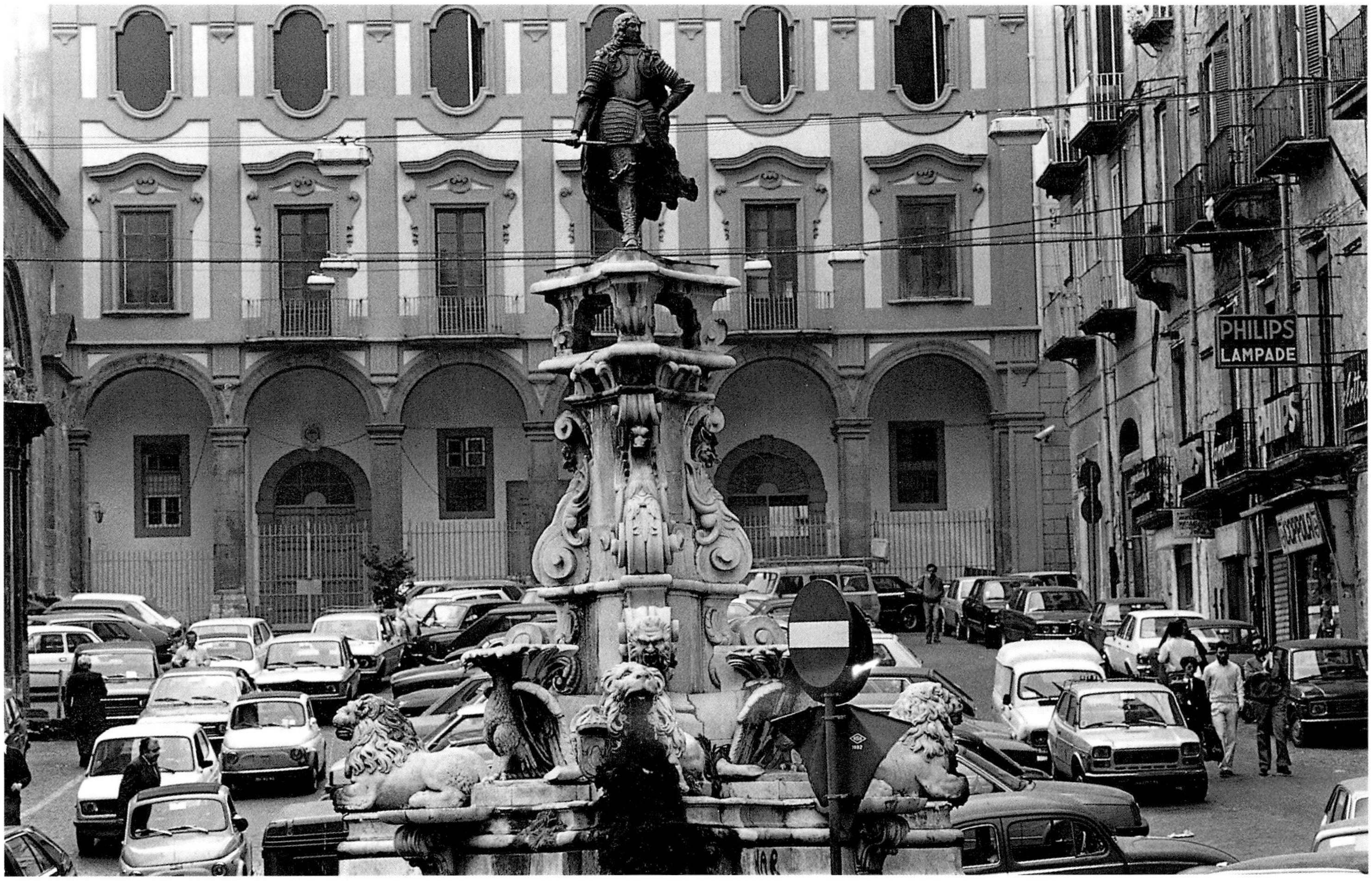
PHILIPS
LAMPADE

«Viva Italia» – Politische Hoffnungen und Enttäuschungen im Mezzogiorno

Die Revolution war ein Fest. Die Befreiung von jahrhundertelanger Fremdherrschaft, von Plündereien, Überfällen und Unterdrückung mußte gefeiert werden. Torkelnd vor Freude wankte das fröhliche Volk mit den Befreiern, den Soldaten, untergehakt durch die krummen Gäßchen von Neapel und jubelte winkend seinem neuen Helden Giuseppe Garibaldi zu. «Viva Italia»: Wieviel freudvolle Hoffnung war an diesen emphatischen Kampfruf geknüpft! In der opulenten, lebenslustigen Hauptstadt des Königreichs Neapel, die bis zur Einigung kulturelle und intellektuelle Hauptstadt des Südens gewesen war, stieg der neue Nationalheld in Form eines riesigen aeronautischen Ballons in den blauen Himmel auf. Patriotische Lieder begleiteten den papiernen Herrn auf seiner kühnen Himmelfahrt: Omen auch für das eben geeinte Vaterland, das, kaum war es auf den Weg gesetzt, schon wieder wie eine Fata Morgana entschwand.

Die Folgen der Feudalherrschaft

Dreihundert Jahre spanischer Herrschaft hatten den mächtigen Feudalherren im Süden jeden auch nur kapriziösen Wunsch erfüllt. Mit Stolz, Verachtung und Brutalität knechteten sie das größtenteils analphabetische Volk. In Italien, so berichten Chronisten jener Zeit, konnten 1860 von rund 23 Millionen Einwohnern 17 Millionen nicht lesen und schreiben. Von der Malaria ausgezehrt, von Steuern und Abgaben getriezt, bedeutete die Freiheit für das niedrige Volk: besser leben, überleben.

Diese dramatischen Verhältnisse des Mezzogiorno – wörtlich «Mittag», wie die Italiener ihren Süden nennen – machten den Anschluß des Königreichs von Neapel an die Monarchie der Savoyen nicht leicht. Die Nation ließ sich nicht «übers Knie brechen», weil bis zu ihrem «Nabel» Neapel unter den Bourbonen nur «Herren und Sklaven» nachgewachsen waren, wie es der berühmte sizilianische Schriftsteller Leonardo Sciascia unlängst ausdrückte. Der Organisation des neuen Staates zeigten sich die Piemontesen überdies wenig gewachsen. Hätten sie sich Preußens durchgreifende Disziplin und Bismarcks eisernen Willen zu seiner Sozialgesetzgebung zum Vorbild genommen, die *questione Mezzogiorno*, die von 1860 an bis zum heutigen Tag immer nur klagend gestellt wird, hätte sich in zwei, drei Legislaturperioden einer verantwortungsvollen Demokratie mit einer guten Regierung lösen lassen.

Aber die Piemontesen stützten sich auf die alte Führungsschicht. Sie gingen von der verhängnisvollen Annahme aus, daß die alten Großgrundbesitzer die Aufgaben übernehmen konnten, die das Bürgertum in Norditalien erfüllte. Der Staat ließ sich derweil im Mezzogiorno nur in Uniform sehen. Die Königstruppen aus Piemont rückten an und führten sich wie eine Besatzungsmacht auf, deren Aufgabe hauptsächlich darin bestand, Steuern einzutreiben. Piemont dehnte sein Steuersystem, das bereits für ein industrialisiertes reiches Land, den Norden, berechnet war, gnadenlos auch auf die armen rückständigen Provinzen aus – ohne Verluste. Die Erhöhung trieb die Ungerechtigkeit auf die Spitze: Das arme Kampanien mußte dem Fiskus ebensoviel zahlen wie die steinreiche Lombardei.

Giuseppe Garibaldi landet 1860 auf Sizilien. Nach einem Aquarell von C. Werner. Wenig später feiert ihn Neapel als Nationalhelden.

Piemont zwang überdies seine südlichen Provinzen, die Zinsen der eigenen Schulden zu zahlen, obwohl der Mezzogiorno sogar 1890 keine Schulden hatte. Im Königreich Neapel, zu dem der gesamte Südzipfel des Stiefels zählte, konfiszierte es Kirchengüter, deren Einkünfte nun in die Staatskassen flossen, anstatt in die der Provinzen. Wirtschaftlich noch verheerendere Folgen bedeuteten die Zollschranken, die Piemont zwischen Frankreich und Italien zum Schutz der in Norditalien entstehenden Industrien errichtete. Diesem Protektionismus fielen auch die Wein- und Südfrüchteexporte der Bauern des Mezzogiorno zum Opfer. Dabei blieb die Landwirtschaft für ein knappes Jahrhundert die einzige Wirtschaftskraft des Südens.

Ohne die strenge Kontrolle des Potentaten verwilderte das Wirtschaftsleben. Wenige Spekulanten nahmen die Ökonomie des Südens in ihren Würgegriff. Die Ländereien wurden versetzt und hoch verschuldet und dadurch für eine lange Zukunft belastet. Jede Hoffnung, die Agrarwirtschaft mit neuen Kulturen zu neuem Leben zu erwecken, floh dahin.

Piemont selbst hatte erst in der zweiten Hälfte des 19. Jahrhunderts begonnen, sich als modernes Staatswesen zu organisieren. Die Prinzipien der Französischen Revolution, berichteten Chronisten damals, waren trotz der geographischen Nähe zu Frankreich in Piemont, Italiens nordwestlichster Region, 1848 «weniger als in anderen Provinzen durchgedrungen». Mit der Zeit aber rückte ein modernes, unternehmerisches Bürgertum in die pedantisch langsame und kompliziert verstrickte Staatsbürokratie vor. Das kleine, von Natur aus arbeitsame und disziplinierte Land gedieh nun prächtig. Der Handel, die Industrie, das Erziehungswesen entwickelten sich rapid, so daß sich Piemont mit anderen kleinen nordeuropäischen Staaten wie Belgien und Holland sehr bald messen konnte. Der geniale Stratege, der hinter diesem modernen Staatsmodell stand, das nun für den Rest Italiens maßgebliches Modell werden sollte – und damit auch für den verwahrlosten Süden –, war nicht der König, sondern der brillante Graf Camillo Cavour (1810–1866). Er war seit 1847 für die Einigung Italiens unter dem Haus Savoyen eingetreten.

Konnten die Bauern die massiven Steuern nicht erwirtschaften, hieß es, sie wären faul. Trug ihr Land keine besseren Ernten, hatten sie schlecht gearbeitet und mußten Lehrgeld zahlen. Und die Malaria, die in den Sümpfen des heißen Südens die Bauern wie die Fliegen hinraffte, war für die Piemontesen nur eine Folge des unreinlichen Lebens im Mezzogiorno.

Wenig Verständnis für die Sorgen des Südens

Im Norden hatte sich nicht ganz ohne rassistische Hochnäsigkeit, die auch heute immer Verachtung für die Sorgen des Südens kundtut, die Vorstellung vom blühenden Großgriechenland erhalten, das im üppigen Garten Eden lebte und aus dem Füllhorn schöpfte, so wie die großen Reisenden des 17. und 18. Jahrhunderts «bella Napoli» und das saftige Land in Kalabrien und Apulien beschrieben hatten. Literaten und Gelehrte wie Gregorovius, Goethe, Stendhal und Lenormant hatten – mit ganz wenigen Ausnahmen – nur die Herren in den eleganten aristokratischen Salons und Palais kennengelernt. Nur wenn ihre holpernde Kutsche im stinkenden Gewühl der Gassen in den Städten nicht weiterkam, fiel ihr Auge auf die «übelgekleideten, zerlumpten Menschen», die, wie Goethe maliziös in seiner «Italienischen Reise» notierte, keine «Faulenzer», keine «Tagediebe» sind. «Da möchte ich fast den Paradox aufstellen, daß in Neapel verhältnismäßig vielleicht noch die meiste Industrie in der ganz niederen Klasse zu finden sei», schrieb der Deutsche.

Erst 1881 schloß die erste Bahnlinie nach Kalabrien den Süden an den Rest des Landes an. Dennoch hielten weder der emsige Graf Cavour noch die Regierungschefs, die nach ihm kamen, es für nötig, die Lage des Mezzogiorno persönlich in Augenschein zu nehmen.

Das streng organisierte Staatsmodell Piemont hätte im rückständigen Süden funktionieren können, wenn das Königreich auch den Verwaltungsapparat und seine Beamten in großzügi-

Bildhauerei zur Zeit des berühmten Nicoló Pisano, der aus Apulien stammen soll. In den Figuren der Kanzel von Bitonto schließlich wollen manche Betrachter Porträts der staufischen Kaiserfamilie erkennen. Der Adler als Stütze des Lesepults dagegen ist nicht das Wappentier der Staufer, sondern Symbol der Kraft des Glaubens.

Die Thronsessel der Bischöfe standen in der Regel in der Apsis. Sie sind ganz aus Stein gehauen, geschmückt mit Reliefs oder durchbrochenen Mustern. Ihre Entwicklung zeigt sehr schön der Vergleich der byzantinisch-abstrahierenden Elefanten, die in Canosa den Sessel tragen (um 1080), mit der realistischen Menschengruppe in San Nicola zu Bari (um 1120), deren freistehende Figuren schon so komponiert sind, daß sie von allen Seiten betrachtet werden sollen – nicht mehr nur frontal von vorn.

Den Altar der Kirchen krönte meist ein vier- oder achteckiges Ziborium. Allein in San Nicola ist dieser Baldachin noch im Original erhalten (um 1150). Die Ikonostasen oder Chorschranken, die früher Chor (Zone der Priester) und Langhaus (Zone der Gläubigen) voneinander schieden, sind überall verschwunden – wohl schon deswegen, weil sie sich nicht mehr mit dem modernen Ritus vereinbaren ließen.

Auch die Mosaikfußböden, die einst viele Kirchen schmückten, wurden irgendwann «erneuert». Reste sind noch zu sehen in Trani und in Santa Maria del Patire bei Rossano – in der Kirche jener kalabrischen Abtei, die im 12. und 13. Jahrhundert so mächtig war, daß sie sogar eine eigene Flotte besaß. – Der einzige nahezu unversehrte Fußboden liegt in Otranto; er zeigt einen Lebensbaum, in dessen Zweigen sich eine phantastische Welt aus biblischen Gestalten, Fabelwesen und sagenumwobenen historischen Personen tummelt – ein Bilderbuch des Mittelalters.

Neben den Kathedralen entstanden in ganz Süditalien normannische, später staufische Kastelle. Grundtypus ist ein Vierflügelbau mit großem Hof, in dem eine Freitreppe zu den die Normannen 1053 einen Dom bauen und seine Kuppel mit arabisierenden Säulenkränzen schmücken. Der 1093 entstandene Dom von Troia zeigt in seiner prächtigen Fensterrose nach sarazenischem Vorbild ineinander verschlungene Spitzbögen und der Dom von Otranto (1081) byzantinisch gestelzte Halbkreisbögen über den Arkaden des Mittelschiffs.

Auch die Burgen und Schlösser der Normannen griffen in Architektur und Dekor die Vielfalt des Zeitgeistes auf. Nachdem die Zeit der Eroberungen mit den wuchtigen, aber kargen Wachtürmen vorbei war, entstanden prächtige Residenzen, die den morgenländischen Palästen der Sarazenen nicht viel nachstanden. Zentrum der Macht war zunächst Aversa, dann Salerno; ab etwa 1100 verlagerte es sich nach Apulien: nach Bari und Foggia. Zum einen waren Verkehrsverbindungen und Versorgungslage in der flachen Küstenebene besser, zum anderen entwickelten sich die Häfen bald zu florierenden Handelszentren und zu Basen für die gerade aufgekommenen Kreuzzüge. So entstand in Apulien binnen weniger Jahrzehnte eine doppelte «Perlenkette» von Städten, Kastellen und Domen, die sich von Bari aus nach Norden zieht: Giovinazzo – Molfetta – Bisceglie – Trani – Barletta an der Küste und Bitonto – Terlizzi – Ruvo – Corato – Andria – Canosa etwa zehn Kilometer landeinwärts.

Angesichts der Vielzahl und Pracht der Bauten, die in nur wenigen Jahrzehnten auf einer so kleinen Fläche entstanden, ist es unmöglich, den «schönsten» Dom zu küren. Die Nase vorn haben – nach unseren Maßstäben – die Kirchen von Trani, Bitonto und San Nicola di Bari, deren Entstehungsgeschichte typisch für die damalige Zeit ist: Neun Jahre vor dem ersten Kreuzzug, anno 1086, raubte die Bareser Schiffergilde den spätestens seit dem Schisma von 1054 «ungläubigen» Byzantinern die Gebeine des heiligen Nikolaus aus Myra in Kleinasien. Sie baute dem Heiligen den alten Palast des Katapans zu einer prächtigen Basilika aus, nachdem sie sich hartnäckig geweigert hatte, dem Bischof dessen Reliquien für den Dom auszuliefern. Bari wurde damit sofort zu einem Pilgerziel ersten Ranges. Es dauerte allerdings nur ein paar Jahre, bis auch das benachbarte Trani seinen «heiligen Nikolaus» hatte: einen umnachteten griechischen Pilger, der vor dem Dom starb, dessen Grab bald Wunder tat und damit Grund war, einen noch schöneren Bau als in Bari zu errichten ...

Mindestens ebenso phantastisch ist die Geschichte von Boemundus, dem Sohn von Robert Guiscard, der offenbar alles Erbgut der Normannen in sich trug und während des ersten Kreuzzugs – 1096 bis 1099 – im Heiligen Land einen eigenen Staat gründete. Das Grab des Fürsten von Antiochia neben der ehrwürdigen Kuppelkirche in Canosa ist ein kleines Juwel arabischer Baukunst, ein christianisierter Marabut. Die Ornamente der Bronzetüren scheinen direkt aus Kairo zu stammen und sind der beste Beleg für den regen Austausch mit dem Orient.

Einen einheitlichen Stil hat es in Süditalien in jener Zeit nicht gegeben, aber immerhin läßt sich eine Grundform des apulischen Kirchenbaus entwickeln, die vom Vorbild San Nicola in Bari abgeleitet ist: die Basilika auf rechteckigem Grundriß, also mit einem Querbau, der seitlich nicht über das Längsschiff hinausragt und von außen mit dem Chor eine Einheit bildet. Allenfalls drei hohe und schmale Apsiden treten hervor. Über den Seitenschiffen sind Emporen ausgeführt oder zumindest mit Arkaden angedeutet. Die Westfassade ist deutlich dreigeteilt, hat eine Fensterrose in der Mitte, säulentragende Tierskulpturen um Fenster und Portale und läßt die Dächer steil über die Seitenschiffe abfallen. Zur Ausstattung gehören Bronzeportale, Kanzeln, Bischofsthrone, Altarbaldachine (Ziborien) und Mosaikfußböden.

Die Portale wurden anfangs als Einzeltafeln aus Byzanz importiert: Amalfi 1066, Monte Sant'Angelo 1086, Atrani 1087, später als Tafeln und dann als komplette Türflügel in Süditalien gegossen: Troia 1119 und 1127, Ravello 1175, Trani 1180.

Die Kanzeln unterscheiden sich stilistisch sehr stark. Ganz streng und steif ist die in Canosa (um 1030), die fast langobardisch anmutet, aber byzantinische pflanzliche Schmuckelemente zeigt. Überreich skulptiert und mit goldglänzenden Mosaiken geschmückt ist dagegen die von Ravello (1272) – Beispiel für die Mosaikkunst vor den römischen Cosmaten und die

63

64

66

67

gem Umfang gleich mitgeliefert hätte. Denn in Neapel, Catanzaro und Lecce fehlte ja die ganze Gesellschaftsschicht, die mit professionellem Elan die demokratischen Staatsgeschäfte mit der Einigung tatkräftig in die Hand nehmen konnte. Kommunal- und Staatsbeamte, die nun plötzlich in großen Mengen gebraucht wurden, gab es keine.

Volksschulen sollten in Kalabrien und Kampanien, in Sizilien und Lukanien organisiert und eröffnet werden. Aber Volksschullehrer, Schuldirektoren und Inspektoren – wo nahm man sie her? In der gebotenen Eile wurden sie in Förderkursen unter der Anleitung piemontesischer Lehrer hastig ausgebildet. Die Piemontesen selbst wurden holterdiepolter zum Inspektor oder Schulleiter befördert – ohne großen Erfolg. In den höheren Funktionen machten sie ihre Arbeit schlecht.

Auch im Heer purzelten die Offiziere die Treppe der Hierarchie hinauf. Wer bisher 40000 Soldaten befehligt hatte, mußte das Kommando über 300000 übernehmen, «ohne seine neuen und sehr viel höheren Führungsqualitäten je unter Beweis gestellt zu haben», beklagte ein Chronist jener Jahre.

Das vereinte Italien wurde ohne Zweifel schlecht regiert, und auch im Piemont, das mit dem Aufbau der öffentlichen Verwaltung im ganzen Reich überfordert war, liefen die Dinge schon längst nicht mehr so gut. In den Behörden des Südens rückten Männer vor, die niemand auf ihre neuen politischen Aufgaben vorbereitet hatte. Damals fing im Mezzogiorno auch die Plage der *raccomandazione* an, der Empfehlung, mit der im bürokratischen Rom noch heute Vettern, Kusinen oder auch nur Bekannte ohne große Qualifikation auf dem Amtsweg nach oben geschoben werden.

In Ermangelung besserer Staatsdiener zogen im Süden die alten Großgrundbesitzer in die Rathäuser, in die Provinzverwaltungen oder auch an die Spitze der Wohltätigkeitsorganisationen, die damals der persönlichen Bereicherung dienten, und mit deren Hilfe die Klientel breit und solide aufgebaut wurde.

Die politisch-ethischen Folgen fielen jedem aufmerksamen Beobachter auf. Das viele Geld, das nun im Umlauf war, korrumpierte alle. Die Einfachheit des bis dahin beschaulich-antiken Lebens im Mezzogiorno verlor ihren Charme, weil die Gründergeneration raffgierig an die Arbeit ging.

Die Macht der Neureichen

Auch das politische Leben wurde vom neuen Zeitgeist vergiftet. Die Parteien, anstatt einen Schritt nach vorn zu gehen, fielen gleich einige Schritte zurück. Ettore Ciccotti berichtet in seiner Zeitchronik «Il Mediterraneo» im 19. Jahrhundert: «Das Großbürgertum, das in früheren Zeiten im eigenen Haus unabhängig wie auf einem Felsen und früher auch gegen den Willen des Präfekten gestimmt hatte, wurde nun von den Neureichen überstimmt. Sie wählten, wie der Bankdirektor es wollte, oder wie die lokale Regierung es ihnen suggerierte.»

Eine Volksklasse, die erzogen und organisiert den politischen Verfall hätte bremsen können, gab es nicht. Andererseits wurde die ganze politische Marschrichtung des neuen Italien wie in einem Teufelskreis erst durch die dramatische Armut des Plebs möglich gemacht. Ihr Elend, ihre Unwissenheit waren zu groß. Eine politische Organisation ihres Standes, mit der das arme Volk hätte beginnen können, an dem zivilen Leben teilzuhaben, war nicht zustandezubringen. Ohne die Kontrolle des Proletariats nahm die Illegalität weiterhin zu, als wäre Lug und Betrug der normale Zustand. Die Minister, die sich auf ihre kleinen Gefallenskünste, Toleranz und Abstützungsmanöver konzentrierten, mischten sich von nun an auch in die Bankgeschäfte und in die Justiz ein. Korrupte Richter, selbst wenn sie in der Öffentlichkeit als solche gebrandmarkt waren, tolerierte die Gesellschaft und belohnte sie sogar. Man sehnte sich nun nach der bourbonischen Magistratur zurück. Sie hatte – ganz dem Souverän gehorchend – sich politisch stets unparteiisch zwischen den Privatinteressen gezeigt.

Die *borghesia* des vereinten Italien, weniger reif als die ärmeren Länder – auch wenn sie dort noch später an die Macht gelangt war –, agierte um so skrupelloser, je mehr sie in ihrem eigenen Saft kochte. «Sie löste kein Problem des Südens, hat manches im Gegenteil noch verschärft», urteilte Ettore Ciccotti scharf in seinem frühen Traktat über die *malanni*, die Nöte des Mezzogiorno. Auch Pasquale Villari, Senator und Minister, hatte sich bereits 1875 davon überzeugt, «daß der Plebs von Neapel nicht nur im selben Elend wie unter den Bourbonen lebte, sondern seine neue Freiheit sein Los nur verschlechtert hatte». Villari führte jenes halbe Dutzend Meridionalisten an (Guido Dorso, Giustino Fortunato, Francesco Saverio Nitti, Napoleone Colajanni, Antonio Gramsci), alle aus kleineren süditalienischen Städten stammend, die als intellektuelle Gruppe ab 1870 die Südfrage kritisch zum erstenmal als Politikum stellten. Das vereinte Italien hatte zu dieser Zeit bereits bittere Enttäuschung gesät. Gründe, Erklärungen gab es für die Fehlschläge – zunächst historische.

«Wenn wir die wirkliche Revolution aus eigener Kraft zustandegebracht hätten, wären in ihr neue und alte Elemente der Gesellschaft zu einem Ganzen geschmolzen, wäre in einem langen und blutigen Kampf eine neue Führungsgeneration ertüchtigt groß geworden, die das Land hätte regieren können», wetterte Pasquale Villari in seinen 1875 berühmt gewordenen «Lettere meridionali». Die alten korrupten Regierungsbeamten wären mit einer blutigen Revolution hinweggespült worden, postulierte der Senator und Minister. Pasquale Villari gehörte zu jenen liberal-konservativen Intellektuellen, die zu der Überzeugung gelangt waren, daß nur ein verantwortungsvolles Bürgertum die neue Führungsschicht stellen konnte «und sich endlich davon überzeugen mußte, daß es nicht nur zum eigenen Nutzen, sondern auch im Interesse der anderen regieren mußte, wenn es das Steuer, die Mittel des Regierens» (Villari) in der Hand behalten wollte. Ein staatsorientiertes Bürgertum mußte dem Volk seine Reformen geben. Es mußte – wie auch in Deutschland – es von oben durch die Regierung initiieren und dirigieren, wenn der hungernde Bauer im *Agro romano* oder der arme Teufel, der in Neapels Gossen vegetierte, nicht eines Tages sagen sollte: «Nach der Einheit und der Freiheit Italiens könnt ihr uns nicht entgehen: entweder erzieht ihr uns zur Zivilisation oder wir euch zur Barbarei.» (Villari)

Neapolitanische Krisen

Auch für die optimistischeren Meridionalisten wie Gaetano Salvemini aus Apulien war die «Einigung Italiens für den Süden schon bald eine wirkliche Katastrophe». Wenn der Süden durch die Einigung ruiniert worden sei, schrieb er, sei «Neapel geradezu ermordet worden: Es hat seinen Rang als Hauptstadt verloren; es ist in eine Krise geraten, die Tausenden und Abertausenden das Brot genommen hat.»

Dabei war die Stadt im malerischen Golf, von der die ausländischen Reisenden des 17. und 18. Jahrhunderts geschwärmt hatten – «Neapel sehen und sterben» –, schon als Hauptstadt des Königreichs Neapel überfordert. Zwischen den Hängen des Vesuvs und der Meeresbucht eingeklemmt, ohne Ausdehnungsmöglichkeit, blieb das fruchtbare Hinterland von ihr abgeschnitten. Solange die Römer des Vergnügens wegen nach Neapel und seine umliegenden Orte gereist waren, blieb die Stadt delektierlich. «Neapel in seiner Herrlichkeit, die meilenlange Reihe von Häusern am flachen Ufer des Golfs ... ist ein entzückender Anblick», notierte Goethe in seiner «Italienischen Reise».

Die Lebensqualität indes verschlechterte sich jedoch zusehends, je mehr die Gemeinde um ihre Unabhängigkeit heroisch zu kämpfen hatte. Als sie schließlich Hauptstadt des weiten Königreichs wurde, strömten Volk und Bürger in die Stadt. Wachsen aber konnte sie nur in

Fortsetzung Seite 157   *Legenden zu den Bildern 73 bis 89 Seite 115*

76

77

78

79

80

81

82

83

84

die Länge. In Neapel selbst schossen die Häuser fünf- und sechsstöckig hoch, krochen die Zugezogenen in Speicher und Keller, Souterrains und Grotten. In den tiefliegenden Vierteln fehlte die Kanalisation. Der Regen sickerte ins Fundament der Häuser. Trinkwasser fehlte. Die dauernde Feuchtigkeit in den *bassi* säte Tuberkulose.

Hätte die ehemalige Hauptstadt sich auf die ersten Industrieanfänge, die im Norden bereits blühten, oder die Kraft eines aktiven Handels stützen können – Neapel wäre mit seinen sozialen Problemen fertig geworden. Da aber vornehmlich Feudaladel und Kirche, in Gestalt vieler Klöster, die einzige stützende Wirtschaftsmacht stellten, bedeutete schon die Abschaffung der Feudalherren eine neue Verelendung. Die großen Besitztümer zerfielen, der Kleinbesitz begann. Wegen der Besitzänderung zog man oft vor Gericht. Die Anwälte und der Mittelstand profitierten davon. Aber das einfache Volk, das beim Baron oder auch bei den Klöstern in Brot stand, blieb nun sich selbst überlassen. «Immer höher geschraubte Steuern, der Verkauf kirchlichen Eigentums und das Anwachsen der öffentlichen Schulden saugten das Eigenkapital des Südens genau in dem Moment ab, als er es am meisten gebraucht hätte.» (Ettore Ciccotti)

Weil die Industrie auf sich warten ließ, setzten sich mit der Zeit immer häufiger Mackie-Messer-Typen an die Spitze des Subproletariats und kommandierten fortan die wehrlose Herde: Die Camorra, Neapels Mafia, von der in Kampanien heute etwa 600 000 Menschen leben, organisierte sich. Die Bourbonen hatten zeitweise mit Hilfe ihrer Bandenchefs das Volk in Schach gehalten.

Mit der «Revolution» (Villari) änderte sich nicht viel an ihrer Macht. Denn nicht einmal im Strafgesetzbuch nahm man vom organisierten Verbrechen Notiz. Der Umzug des Hofs und der Hauptstadt, die Konfiszierung des Kirchenbesitzes bauten Arbeit und auch die Almosenexistenz ab, die eine zivile Regierung nicht unterstützen konnte.

Schon unter den Bourbonen hatte auch die Hygiene der Stadt äußerst zu wünschen übriggelassen. In Sturzbächen rann der Regen durch die kanallosen Straßen; manchmal riß er sogar Roß und Kutsche mit in die *bassi*. Der umsichtige, poetische Normannenkönig Ferdinand II. hatte der Stadt zwar ein fortschrittliches Kanalsystem verpaßt, aber die korrupte Stadtregierung, der der Bau anvertraut war, hatte den guten Plan jener Jahre schlecht ausgeführt. Die Abflußbecken waren breit, aber nicht tief konzipiert und ohne das nötige Gefälle gebaut. Unter den Fenstern der Häuser standen die Abwässer folglich wie in Jauchegruben. Der flüssige Dreck verpestete die Luft. Napoli wuchs zum nationalen Fall heran, ohne jedoch die Aufmerksamkeit Piemonts wirklich zu erlangen.

Privatisierung der Landwirtschaft

Und was geschah in der Provinz? Die Landquoten, die die Gemeinden den Bauern zur Pacht freigaben, waren meist nur einen Hektar groß und damit zu klein, «um eine Familie zu ernähren», schrieb Renato Franchetti 1875 in seiner Untersuchung über die wirtschaftlichen Bedingungen der neapolitanischen Provinz. Aber selbst wenn man den Bauern ein größeres Stück Land zugestanden hätte – es fehlte ihnen jedes Kapital, um den Ackerbau aufzubereiten. Magere Ernten garantierten oft nicht einmal die Pacht. Der Acker fiel manchmal nach kurzer Zeit schon wieder an die Gemeinde oder den Staat zurück. Dieser verkaufte es an gierige Landbesitzer weiter, denn die Gesetze des vereinten Italien kamen den Herren entgegen. Mit dem Anschluß an das Königreich Piemont hatten sie auch politische Ämter übernommen. Sie vergrößerten im Süden ihr Landmonopol, so daß sich selbst gelassene Meridionalisten über die Illusion der fernen Regierung nur wundern konnten, weil sie wohl der Meinung war, «daß es genüge, zwei gesunde Arme zu haben, um jeden Sonntag ein reiches Mahl wie der gute König von Frankreich» (Franchetti) auf dem Tisch zu haben.

Nicht einmal offizielle Studien des Landwirtschafts-, Industrie- und Handelsministeriums verschwiegen, wie wenig nutzbringend der Weiterverkauf an private Eigentümer war. Der Kommunalbesitz von Atella, unweit von Potenza, beispielsweise war nach nur zwanzig Jahren komplett an die Gemeinde zurückgefallen, weil die «800 Proletarier, die das Land ursprünglich gepachtet hatten» (Franchetti), es nicht hatten halten können. Drei Viertel des kommunalen Besitzes rissen sich unersättliche Großgrundbesitzer prompt unter den Nagel. Das Gemeindeland von Eboli teilten zwei der größten Latifundienbesitzer der salernitanischen Tiefebene allein unter sich auf. Den landlosen Arbeitern blieb kein anderer Weg, als in die Stadt zu ziehen. Sie krochen in Neapel in den *bassi* unter, zu Hunderten und Tausenden. Die Verelendung dort kannte keine Grenzen. Pasquale Villari und seine in der Südfrage engagierten Freunde machten die *miseria* von Neapel landesweit bekannt. Sie malten bereits 1875 den Teufel in Form einer Choleraepidemie an die Wand. Die Seuche trat pünktlich ein in den verrotteten *bassi,* auch heute noch Getto mitten in der Stadt. Die Menschen krepierten hier zehnmal schneller als in den wohlhabenderen Vierteln.

Die Seuche mobilisierte auch Solidarität. Der König reiste endlich mit Gefolge an. Neapels kanallose Quartiere, sein Elend, seine Verwahrlosung, an denen die Potentaten, aber auch die Regierungsschicht, achtlos vorbeigesehen hatten, erregten erstmals Aufmerksamkeit. Versprechungen wurden gemacht. Die Banco di Napoli, der Staat, die Regierung müßten sich um die heruntergekommene Königsstadt kümmern. Es blieb – wie meistens in den folgenden Jahrzehnten auch – bei den Worten.

Erst in den letzten Jahren des 19. Jahrhunderts sprossen erste Industrieinitiativen. Dennoch zeigte die Statistik um die Jahrhundertwende bereits nicht mehr nur eine Kluft zwischen Nord und Süd, sondern «grundsätzlich verschiedene Wirtschaftssysteme: das eine industrieorientiert und mit zunehmender Wachstumstendenz in dieser Richtung; das andere

Neapel im 19. Jahrhundert. Links: Straßenhändler vor Santa Maria in Portico. Rechts: Vor der Porta Capuana. Darstellungen der Doppelseite vor 1876.

158

Links: Hafenarbeiter am Molo.
Rechts: der Hafen.

vornehmlich agrarwirtschaftlich, bei dem die Anfänge einer Industrialisierung abnehmen»,
so Franco Saverio Nitti, ein genauer Wirtschaftskenner jener Jahre.

Auch wenn die südlichen Regionen am Handelsabkommen von 1882 und 1898 mitprofitieren, ist der Verfall vor allem in den Städten sichtbar – insbesondere in Neapel, das in dieser Zeit «die einzige europäische Stadt ist, die nicht in irgendeiner Form an der günstigen internationalen Konjunktur teilhat, vielmehr aus verschiedenen Perspektiven seinen Untergang akzentuiert» (Nitti). Sichtbar wurde die siechende Schwäche des Südens dadurch, daß die soziale Frage des Mezzogiorno bei der Regierung in Rom schon zwischen den beiden Mentalitäten Nord und Süd aufgerieben wurde. «Der Süden», schrieben Giustino Fortunato und Pasquale Villari im September 1899, «macht sich nichts mehr vor; er will eine absolute Regierung und ist froh darüber, daß Italien heute von einem General regiert wird, der dem Parlament durch den Willen des Königs aufoktroyiert wurde.»

Neue Anstöße in der questione meridionale

Im Jahr 1899 entschied auch der Meridionalist G. Salvemini, sich von nun an der Südfrage ganz zu widmen. Salvemini nahm die Arbeiten von Fortunato auf. Er stellte fest, daß die *questione meridionale* weder durch die erhoffte Investitionspolitik der Regierung noch mit einem Agrarbürgertum gelöst werden konnte. Mit Salvemini gewann sie an neuem Gewicht. Der Gelehrte gab seine Rolle als mahnender Vordenker auf. Als Mitglied der Sozialistischen Partei, die 1881 gegründet worden war, aber im Süden kaum Anhänger hatte, kämpfte er nun für die *questione meridionale*. Salveminis Überlegungen zur Lage des Südens bestimmten vorwiegend drei historische Faktoren: Bauern und Arbeiter begannen sich gemeinsam zu

organisieren. Sie stritten um Verbesserungen ihrer wirtschaftlichen Verhältnisse, einen besseren Lebensstandard und menschlichere Arbeitsbedingungen. Die italienische Arbeiterbewegung, zwischen 1881 und 1900 auf die Beine gekommen, eröffnete zum erstenmal den politischen Kampf. Salvemini setzte sich eine neue politische Weichenstellung für den Süden in den Kopf. Solange die Macht der Grundbesitzer unangetastet blieb, war an eine Abschaffung der harten Steuern auch nicht durch eine Sondergesetzgebung zu denken. Die Bauern im Süden rührten sich jetzt auch politisch. Sie hatten sich vom Brigantentum ebenso losgesagt wie von König und Papst. Die Unruhen in Sizilien (1894), wegen der wirtschaftlichen Not entstanden, griffen aufs südliche Festland über.

Die Vertreter des Südens im königlichen Parlament stützten brav die Wirtschaftspolitik der Regierung. Francesco Crispi (1819–1901), ein Mann aus dem Süden, der 1848 an der sizilianischen Revolution und auch an Garibaldis Eroberungsfeldzug teilgenommen hatte, ließ als Ministerpräsident die *fasci siciliani* – Aufstände der Bauernorganisation in Sizilien, 1894 – sogar durch die Armee blutig niederschlagen. Für Salvemini erschöpfte sich damit das Schema Nord-Süd in der Realität der *questione meridionale*. Es galt, neu nachzudenken. An der Rückständigkeit des Südens sei sowohl die Industrie des Nordens als auch die Schicht der Landbesitzer des Südens interessiert, definierte Salvemini. Aus der *questione meridionale* machten die Landlords aus Kampanien, Kalabrien und Apulien vielmehr eine diskutierbare Gesellschaftsfrage. Gegen diesen «Blocco-Agrario-Industriale», das Bündnis von Landwirtschaft und Industrie, mußten die Bauern zusammen mit dem Industrieproletariat organisiert werden. Das klang einfacher, als es war. Die sozialistische Partei kämpfte nicht einmal für die Einführung des allgemeinen Wahlrechts, das nach Meinung der Meridionalisten Bauern und Arbeitern die historische Möglichkeit geben sollte, die Machtverhältnisse in Italien zu ihren Gunsten zu wenden. Salvemini brach deshalb mit der PSI.

Nach der Reform von 1882 waren von den 29 791 000 Einwohnern in Italien nur 2 017 829 wahlberechtigt – knapp sieben Prozent der Gesamtbevölkerung. Wie lange noch würde das Volk die Entmündigung ertragen? Es verlangte seine Rechte. Der Druck von unten vibrierte bis ins Parlament. Vereinzelt nahmen Abgeordnete die Stimmung wahr. Die Furcht vor dem Sturz des *Palazzo* formulierte der Republikaner der «Sinistra storica», Odoardo Luchini: «Die Industrie, die Presse und die Freiheit haben unsere Gesellschaft verändert. Beobachten Sie, meine Herren, die Lage der Werktätigen! Sie diskutieren, haben Genossenschaften, Vereine, Tagungen, Wanderbüchereien und eigene Schulen. In der Armee werden sie wach und abgehärtet. Sie sind während der Streiks unter ihren Vereinen stark.»

Die Wahlreform fiel dennoch negativ aus. Die Spaltung zwischen Nord und Süd vertiefte sich. Auch die Bewußtseinsspaltung zwischen Politikern und Volk kam einen Schritt voran. Die gewählten Abgeordneten ignorierten die krasse soziale Not. Dabei hatten sich die *movimenti popolari* auch auf das ganze Land ausgedehnt. Durch ihre Vereine, erste Ansätze einer gewerkschaftlichen Organisation, durch das Kreditsystem der *Cassa Rurale* und auch durch zahlreiche soziale und kulturelle Einrichtungen gewannen die Sozialistische Partei und die christlichen Organisationen sehr stark an politischem Gewicht innerhalb der lokalen Verwaltungen. Dennoch waren im Süden die sich politisierenden Bauern immer noch nicht frei von Angst. Wirtschaftlich hingen sie ja nach wie vor von den Honoratioren, den *galantuomini*, und deren Aufpassern ab.

Die Machtergreifung des Faschismus

Im Norden, das war die einhellige Meinung, würden mehr oder weniger populäre Parteien siegen, im Süden entschied die führende Klasse sich für eine Regierung der reaktionären Gewalt. In anderen Regionen des Landes wehrten sich die reichen Landbarone auch gegen jede soziale Öffnung, mit dem Unterschied, wie Giovanni Giolitti (1842–1928) in seinen Memoiren 1922 berichtete: «Große Landbesitzer blockieren jede soziale Reform. Wir müssen mit großer Vorsicht vorgehen. Wenn man nicht Gefahr laufen will, rückwärts zu gehen, muß man die politische Kultur der verschiedenen Regionen genau vor Augen haben.» Der mehrfache sozialistische Ministerpräsident war nicht der einzige, der mit feinem politischem Spürsinn witterte, daß der aufziehende Faschismus, für den Giolitti anfänglich wegen seiner sozialistischen Ansätze Sympathien hegte, seine größte Kraft aus dem Süden schöpfen sollte.

In der zahmen Entwicklung der Politik der Sozialistischen Partei Italiens liegt die Erklärung dafür, warum gerade Antonio Gramsci, der letzte politische Meridionalist und geistiger Gründer der Kommunistischen Partei Italiens, Salveminis Arbeit aufgriff. Gramsci schrieb sein berühmtes Traktat über die süditalienische Frage unter dem Titel «Alcuni temi della questione meridionale» (1926). Die Genauigkeit und soziologische Aktualität des Standardwerks hat bis heute seine Gültigkeit behalten.

Antonio Gramsci (1891–1937) ging davon aus, daß die russische Revolution auch die italienische Arbeiterbewegung gefestigt hatte. Die *questione meridionale* mußte nach seiner Meinung daher auch im Kampf gegen den Faschismus und den Erfolg des «Blocco-Agrario-Industriale» gerade wegen der Machtergreifung des Faschismus neu definiert werden. Für den Sarden, der sich als Parteitheoretiker nicht nur Gedanken über verschiedene Verbesserungen des Südens machte, sondern eine radikale Änderung der italienischen Gesellschaft anstrebte, lag die politische Schwäche des Südens in der *disgregazione sociale,* im sozialen Auseinanderfallen seiner Bauern und Intellektuellen. Das aber galt es genau zu verhindern. Bauern mußten mit Intellektuellen und Industrieproletariern strategisch zusammenarbeiten. Anders nämlich konnte ihnen nicht gelingen, neue sozio-ökonomische und politische

Verhältnisse zu erzwingen. Gerade die Arbeiterklasse mußte sich nach Gramscis Meinung auf dem Weg zu ihrer Hegemonie des Problems des Südens annehmen.

Gramscis strategische Zielsetzung trieb die *questione meridionale* auf ihren Höhepunkt. Der Süden war nun nicht mehr geographisch begrenztes Problemgebiet. Nun arbeiteten Stadt- und Landbevölkerung zusammen, über den Kanal der Arbeiterbewegung – auch Nord und Süd – für gemeinsame Ziele.

Die Machtergreifung des Faschismus blockte die «Roten» ab. Zwar verkündete Benito Mussolini (1883–1945) pathetisch: «Im neuen Italien beginnt der Mezzogiorno südlich von Sizilien.» Die feierlichen Phrasen waren jedoch bald vergessen. Die Landbarone des Südens organisierten Mussolinis Rollkommandos zum Teil mit. Der Süden blieb in ihrer Hand.

Neapel in der Nachkriegszeit: «Hände über der Stadt» nannte Francesco Rosi seinen 1963 gedrehten Fim, der beispielhaft das Zusammenwirken von unternehmerischer Profitgier und Korruption der Verwaltung beschreibt. Filmbild.

Wiederaufbau nach 1945

Der Zweite Weltkrieg riß im Süden neue Wunden auf (im Mezzogiorno kämpften die Soldaten der Alliierten gegen die deutsche Besatzung und die Truppen des Regimes), obwohl die Kriegsschäden in Italien insgesamt nicht mit denen anderer in den Krieg verwickelter Länder vergleichbar waren: 92 Prozent aller Industrieanlagen, 62 Prozent des Streckennetzes der italienischen Bundesbahnen blieben unversehrt. Dennoch fiel Italien der Wiederaufbau schwer. Weil Rohstoffe und andere Energiequellen wie Erdöl, Erdgas oder Kohle fehlten, vollzog sich die Umwandlung vom Agrarland in eine moderne Industriegesellschaft nur im Schneckentempo. Der Süden war wieder schuld, daß es nicht schneller vom Fleck ging. Von Rom bis Catanzaro, von Reggio Calabria bis Cagliari fehlten die elementarsten Infrastrukturen: Straßen, Brücken, Wasserleitungen, Krankenhäuser, Schulen. Der Staat selbst, der

Der ohnmächtige Protest der Opfer. Filmbild aus «Hände über der Stadt».

neunzig Prozent der Banken von dem faschistischen Wirtschaftssystem geerbt hatte, half mit Krediten und eigens gegründeten Wirtschaftsinstituten.

Die christdemokratische De-Gasperi-Regierung (die DC hielt mit 50,1 Prozent damals die absolute Mehrheit) gründete 1950 für den wirtschaftlichen Aufbau des Südens zwei Instrumente: die «Cassa del Mezzogiorno» (Südkasse) und das «Ente Nazionale Idrocarburi» (Nationales Amt für Energiebeschaffung). Das Ente Nazionale Idrocarburi wurde einem der größten Unternehmerprofile der italienischen Nachkriegsgeschichte, Enrico Mattei (1906 bis 1962), unterstellt. Der ideenreiche und kraftvolle Staatsmanager stürzte 1962 mit seinem Privatflugzeug, wahrscheinlich durch ein Attentat, ab.

In die «Cassa» hingegen schleuste die Regierungspartei hemmungslos ihre Parteibarone. In der «Südkasse» fingerten sie ihre politischen Geschäfte, von wirtschaftlichem Management hatten sie oft wenig Ahnung. Wieder kam der Süden zu kurz. Weil die Bauernunruhen zu massiven Landbesetzungen ausgeartet waren, wurden 1950 erstmalig 700000 Hektar unbebautes Land an die Kleinbauern verteilt. Der schüchterne Versuch einer Landreform blieb in der Improvisation stecken. Da die Christdemokraten weder über ein Wirtschaftsprogramm verfügten, noch sich auf eine eigene Wirtschaftstradition oder -schule stützen konnten, fehlte ein langfristiges Reformprogramm.

Land- und Schulflucht

Der Süden durchlitt seinen Status quo. Der Norden – ab Florenz – genoß Mitte der fünfziger Jahre sein erstes Wirtschaftswunder. Im Süden setzte derweil die Landflucht, nach den zwanziger Jahren zum zweitenmal, ein. Jährlich verließen 200000 *braccianti* (Landarbeiter)

ihre Scholle. Die Pilgerreise der italienischen Gastarbeiter – rund zweieinhalb Millionen – aus dem Süden begann. In Deutschland, Belgien, Holland, Frankreich, aber auch im italienischen Industriedreieck Turin-Mailand-Genua suchten die Landarbeiter aus Kampanien, Kalabrien und Sizilien ihr Brot.

Zu Hause pumpte die Cassa Gelder in den Mezzogiorno, der ein Faß ohne Boden zu sein schien. In ihrer dreißigjährigen Hilfsaktion von 1951 bis 1981 finanzierte sie insgesamt 126 Industrieunternehmen, 16 600 Kleinindustrien, die 100 000 neue Arbeitsplätze schafften und 30 000 Milliarden Lire verschlangen. Vierzig Prozent ihres gesamten Budgets – 50 000 Milliarden Lire – vergab die Südkasse an den Ausbau der Infrastrukturen. Das Netz der vielen kleinen und mittleren Betriebe, die aus dem *Agro Romano* und südlicher aus dem Boden sproßten, gab den ersten vitalen Halt. Das Prokopfeinkommen verdreifachte sich im Mezzogiorno, hinkte aber immer noch weit hinter dem Norden her: sechzig Prozent weniger. Jeder fünfte Bauer oder Bürger besaß 1981 sein Telefon und seinen Eisschrank.

Eine gründliche, breitgestreute Industrialisierung ließ trotz der Regionalfonds der EWG weiter auf sich warten. Obwohl der Mezzogiorno zehn Prozent der gesamten europäischen Bevölkerung ausmacht und die südliche Stiefelhälfte das einzige wirklich unterentwickelte Gebiet der Europäischen Gemeinschaft ist, rieselten die Zuschüsse mehr in bestehende Industrien als in neue Industrie-Initiativen.

Als Anfang der achtziger Jahre über die massiven Hilfsaktionen Bilanz gezogen wurde, gab sie wenig Anlaß zum Optimismus. 700 000 Arbeitsplätze fehlten, weil 1974, auch durch die erste große Energiekrise ausgelöst, die Industrieentwicklung im Mezzogiorno gestoppt worden war. Ungefähr die Hälfte aller jugendlichen Arbeitslosen Italiens kommt heute aus dem Süden. Die sozialen Folgen sind bereits meßbar. In Kampanien, wo die Camorra der größte und in gewissem Sinn auch großzügigste Arbeitgeber ist, kletterte die *evasione*

Apulien findet man auf einer italienischen Landkarte, es
ist eins der unbekannteren Teile Italiens, ein altes Land,
Teil Großgriechenlands, Langobardenstraße, diffus in
seinen Zeugnissen, Sandsteinbarock in Lecce, Gotik in
Trani und Bari, griechische Kirchen in Gallipoli, heute
verwuchert und nur noch lichtüberströmt, ein Bauern-
land, und ein Land der kleinen Häfen, der frutti di mare,
Austernbänke von Taranto, die Deutschen sind selten bis
[hier]her gekommen, aber Platen, ‹. . .› klassische Italien-
wege führen nicht dorthin.

Ingeborg Bachmann

scolastica, die Zahl der drop-outs der Grundschule, bereits auf fünfzehn Prozent. Die Droge terrorisiert die Provinz, fand ihren Weg auch in die entlegensten Bergdörfer. Kinder hängen im Süden bereits an der Spritze. In Napoli griffen couragierte Mütter ihrer drogenabhängigen Söhne und Töchter, die die Camorra als Kuriere und Händler einsetzte, zur Selbsthilfe. Sie zeigten die Bosse oder ihre eigenen Kinder, die ihre Mammas noch im Zigarettenschmuggel unterstützt hatten, selbst bei der Polizei an. Lina Wertmüller drehte 1984 einen sinnlich wachen Film, «Camorra», über dieses dramatische Problem.

Die neue «Plebisierung» des Südens nehmen gelegentlich auch ein paar aufgeweckte Politiker in Rom wahr. «Die Lokalverwaltungen dienen nur noch der politischen Macht- kontrolle. In den Behörden haben sich die unproduktiven Dynastien – alte und neue – breitgemacht. Der Affarismus und seine Abweichungen regieren», mahnte im März 1983 der sozialistische Abgeordnete Carmelo Conti.

Die Leidensgeschichte des Südens nimmt kein Ende. Sie wiederholt sich wie ein Kanon, ohne daß eine greifbare Lösung in Sicht wäre.

Legenden zu den Bildern 90 bis 124

APULIEN   *Seite 169 bis 192*

90   Die Küste der waldreichen einsamen Halbinsel Gargano: Torre di Porticello.

91   Die Fischerstadt Peschici auf einem Felsvorsprung der Halbinsel Gargano. Hoch über der Altstadt das mittelalterliche Kastell.

92 bis 94   Die stark zerklüftete und grottenreiche Küstenlandschaft südlich von Vieste auf Gargano.

95 bis 97   Santa Cesarea Terme, das Schwefelbad im Süden Apuliens.

98   Im Hafen der apulischen Hauptstadt Bari. Anfang Mai wird in jedem Jahr das Nikolausfest gefeiert.

99 bis 103   «Festa del Mare», Szenen des Festes für den heiligen Nikolaus, den Schutzpatron der Stadt, bei dem die Statue des Heiligen (Abb. 98) zur Mola San Nicola gebracht wird.

104   Die Fassade von San Nicola in Bari, ein Hauptwerk der apulischen Romanik. Vor der Kirche die Akteure des Nikolausfestes.

105   Manduria. Im Innern des im 16. Jahrhundert erbauten Doms.

106   Sorrent, Sedile Diminova in der Via San Cesaro. Einst war dies ein Treffpunkt des Adels, heute finden sich in diesem Palais die Mitglieder eines Arbeiterzirkels zum Kartenspiel ein.

107   Das berühmteste Schloß im italienischen Süden: Castel del Monte, 1240 vom Hohenstauferkaiser Friedrich II. als Jagdschloß auf einer Höhe der westlichen Murge errichtet.

108   Römisches Amphitheater in Lucera, zu Ehren des Kaisers Augustus erbaut.

109   Unmittelbar an der Adriaküste steht die große Kathedrale von Trani. Im Bild das Bronzeportal von Barisano di Trani.

110   Trullisiedlung bei Locorotondo. Die Herkunft der kegelförmigen Rundhäuser ist unbekannt. Trulli sind zumeist einstöckig, wurden zu Siedlungen verbunden oder existieren auf dem Land auch als Einzelhäuser.

111   Fassade des Doms Sant'Oronzo in Lecce, der oft als «Florenz des Barock» bezeichneten Kunststadt.

112   Gravina di Puglia, Fassade der Kirche Santa Maria della Gracie aus dem frühen 17. Jahrhundert.

113   Otranto, Renaissance-Rosette der 1080 von den Normannen gegründeten Kathedrale.

114   Auf der Piazza Roma in Leverano bei Gallipoli.

115   Vernole bei Lecce. Illuminationen anläßlich der Prozession, die alljährlich für den Ortsheiligen veranstaltet wird.

KALABRIEN   *Seite 201 bis 212*

116   Tropea in Kalabrien. Auf einem Felsen vor dem Meer liegt die Wallfahrtskirche Santa Maria dell'Isola.

117   In der Provinz Cantanzaro: Schafherde bei Squillace.

188 bis 124   Oliven- und Weinernte im fruchtbaren Hochland der Sila.

125   Landhaus nahe der Albanersiedlung Spezzano Albanese.

126   Schafe im Kastell von Roncella Ionica am Fuß des Monte Sant'Andrea.

127   In waldreicher Landschaft im Süden Kalabriens gelegen: Silo, im Mittelalter ein Zentrum der Basilianermönche.

Apulien

Kalabrien

93

94

95

96

100

101

102

103

107

108

112

113

Arbeit und Liebe – Apulische Skizzen

*Mein Vater sagte: Erst mußt du einen Beruf lernen, die bittere Mühsal der Arbeit kennenler-
nen ... dann das Süße. Er sagte es, als ich mich abends gerade herausputzte, um zum Mädchen
zu gehen.*

Dieses Jahr ist an den Bäumen nicht eine Mandel gereift. Der Frost einer einzigen Nacht hat
sie alle erfrieren lassen. Vielleicht hat es noch nicht einmal eine ganze Nacht gedauert. Ein
paar Augenblicke sinkt die Temperatur unter Null, und schon ist der feuchte Atem der Nacht
zu schwer, zu eisig für die zarten Triebe. Hier unten im Süden blühen die Mandeln ziemlich
früh. Schon im Januar tauchen die ersten Blüten wie weiße Gespenster an den Feldrändern
auf, ohne sich um die Kälte und den Eiswind zu kümmern.

In der Altstadt bereitet Süßwaren-Lucia noch immer Marzipan zu. Auch wenn die
Mandeln heute immer rarer werden. Nur alle fünf bis sechs Jahre gibt es, sofern alles gut geht,
eine bescheidene Ernte. Wenn der Winter streng ist, möchte Lucia am liebsten ein wenig
Wärme aus ihrer ärmlichen Wohnung hinaustragen zu jeder Mandel, die da allzufrüh während des Winterschlafes zu treiben beginnt.

Etwas Wärme aus ihrem Kamin, aus ihrem Bett, aus ihren großen Händen, um damit die
roten Blätter zart zu umhüllen. Seit ihrem zehnten Lebensjahr stellt Lucia Süßigkeiten her;
ihre Tante hatte sie als Hilfe zu sich genommen, und Lucia lernte schnell. Jetzt ist Lucia
achtundsechzig Jahre alt. Mit sechzehn war sie so weit, daß sie alleine arbeiten konnte. Da
war sie schon imstande, Hochzeiten auszurichten, wenn das Fest zu Hause gefeiert wurde;
die Familie, in der die Vermählung stattfand, bestellte die Handwerker, und die kümmerten
sich dann um alles. Es war eine Hundearbeit, denn so ein Fest dauerte zwei Tage. Meist feierte
man den Samstag und den Sonntag durch. Am Samstag wurden den Gästen zunächst die
sogenannten «Complimenti» gereicht, die «Glückwünsche», verschiedene Sorten von Süß-
speisen. Erst am Sonntag gab es dann das eigentliche Festmahl. Da machte man dann Lasagne,
Hackbraten, Zichoriensuppe mit Eistich, Pesto genovese, gebratenes Fleisch und so
weiter ...

Lucia hat ihren Beruf nur an ganz wenige Frauen weitervermittelt. Sie sagt, daß heute
niemand mehr arbeiten will. Seit der Krieg vorbei ist, sind die Hausfrauen verwöhnt; keine
will mehr etwas zu Hause zubereiten, man kauft alles im Geschäft.

Ihre Arbeit ist sehr schwer und mühselig. Man muß die Mandeln aufknacken, in den Ofen
legen, schälen, zerreiben, und wenn das Marzipan dann fertig ist, geht's an die Zubereitung
der Süßigkeiten. Heute ist die Arbeit etwas leichter, früher war sie noch ermüdender. Heute
hat man unter dem Herd die praktische Gasflasche – aber früher war da Feuer, immer nur
Feuer! Beim Erzählen macht sie mit den Händen Bewegungen, die das Feuer beschreiben
sollen; es ist, als spräche sie direkt von der Hölle.

Auf dem alten Tisch liegt eine Handvoll Süßigkeiten. Ein paar davon sind in Bonbonpapier
eingewickelt, ganz oben liegen farbige Zuckergußmandeln: weiße, grüne, gelbe, rosafarbene,
hellblaue, rote, dunkelblaue. Andere Packungen zeigen in der Mitte ein Silberbonbon,
wieder andere sind mit einer kandierten Frucht dekoriert. Das Nougat ist in besonders

dünnes Seidenpapier eingewickelt, das an den Seiten gefranst ist. Das alles ist irgendwie von Leben erfüllt, einfach, lieblich und zart. Mir klingen die Worte der alten Süßwaren-Lucia noch immer in den Ohren: Heute will keiner mehr arbeiten, die Mädchen wollen nur noch herumflanieren, allesamt sind sie herausgeputzt, laufen im Park umher; was wollen sie denn da finden – das Paradies vielleicht? In Wahrheit finden sie irgend so einen Mamelucken, der auf einem Motorroller hockt und auf sie wartet, oder einen anderen Kerl, der sein Gehirn mit der Musikbox entwickelt und irgendeinen Star nachmacht, der gerade besonders beliebt ist.

Das Frühjahr fegt den Sand von der Straße. Die Wellblechdächer der Werkstätten in den Industriezonen beginnen zu glühen. Die ersten Hummeln drücken voller Kraft ihren schmutzigen Rüssel in die Blüten der Bäume. Unter den Hemden und Kitteln regen sich schreckliche Gelüste. Unbezähmbare Gelüste. Die Frauen klagen über Unwohlsein. Manche fallen gar in Ohnmacht. Das kommt auf die Frau an. Die eine erträgt gleichmütig die Enthaltsamkeit; die andere aber wird während der Paarungszeit verrückt vor Lust wie ein Tier. Das Verlangen verdreht ihr das Gehirn, und in manchem Augenblick möchte sich der Körper, wenn er sich nicht entspannen kann, am liebsten auflösen, sich in einen unendlichen Schwindel stürzen, ohnmächtig werden, sterben, um nicht weiter die Qualen dieser Lust zu verspüren.

Mir hat ein Freund, der etliche Jahre in Venezuela arbeiten war, erzählt, daß viele seiner verheirateten Arbeitskameraden im Frühjahr Briefe von ihren Frauen aus der weitentfernten Heimat im Süden bekamen, Briefe mit einem Inhalt, den man nicht wiedergeben kann, und sie alle flehten: «Du mußt zurückkommen! Ich halt's nicht mehr aus!»

Als wir noch klein waren, liefen wir an Festtagen zu den Verwandten, um Geschenke zu bekommen. Stück für Stück kriegte man dabei einen ganz schönen Spargroschen zusammen. Oft aber haben sie einem die Geschenke in Naturalien gegeben: ein schönes Gänseei, Süßigkeiten, ein Säckchen voller Nüsse... Als ich die Erstkommunion empfangen hatte, änderte sich das: schön gekleidet wie ein Bräutigam, ein weißes, besticktes Hemd, blaue Hosen und eine blaue Jacke mit weißem Streifen am Arm – so zog ich los, um die Geschenke der Verwandten abzuholen. Die Mädchen hatten zur Kommunion kleine Brautkleider an, und man wagte nicht, sie anzufassen an diesem Tag: so würdevoll sahen sie drein, steif wie Prinzessinnen, hochmütig... Die Geschenke waren diesmal haltbarer, es ging ja um die Erstkommunion: dies war eine kirchliche Angelegenheit, man berührte Heiliges! Am Abend gab es dann Mandelsüßigkeiten und, wo man sich's leisten konnte, auch Eis. Am Tag der Erstkommunion sahen die Jungen alle wie Heilige aus. Am nächsten Morgen hockten sie wieder mit zerrissenen Kleidern am Boden, im Straßenstaub, im Stallmist.

In der Schule, als kleiner Junge, war ich etwas zurück; mein Vater schickte mich daher in Nachhilfestunden. Nachmittags marschierte ich also zu einer Lehrerin, einer alten Frau, weit über die fünfzig: schwarz gekleidet, klein, ein wenig füllig. Ich mußte mich auf einen besonders unbequemen Baststuhl setzen, vor einen großen Tisch, der mit einem weichen Tischtuch aus nußfarbenem Samt belegt war. Sie setzte mich vor die Hausaufgaben und ließ mich dann alleine im Zimmer. Alleine mit der Katze, die mir dauernd um die Beine strich (ich hatte oft Angst, daß sie sich in einen Tiger verwandeln könnte und mich auffräße), alleine mit den Fliegen, die den Raum mit ihrem Geräusch wie mit der Litanei eines Rosenkranzes erfüllten. Ich wurde davon immer ganz schläfrig – dabei sollte ich doch lernen: «In der Stunde, da das braune Firmament / von goldenen Punkten erbebt / und von silbernen Spuren...» Die Poesie in dem Buch begann vor meinen schläfrigen Augen hin- und herzutanzen, und unversehens betäubte mich der Flaum der samtenen Tischdecke – bis die Lehrerin kam und mich aufweckte, indem sie mich kräftig am verschwitzten Haarschopf packte. Welch ein Schlaf! Auch das Zimmer schien schließlich zu schlafen, und ich roch

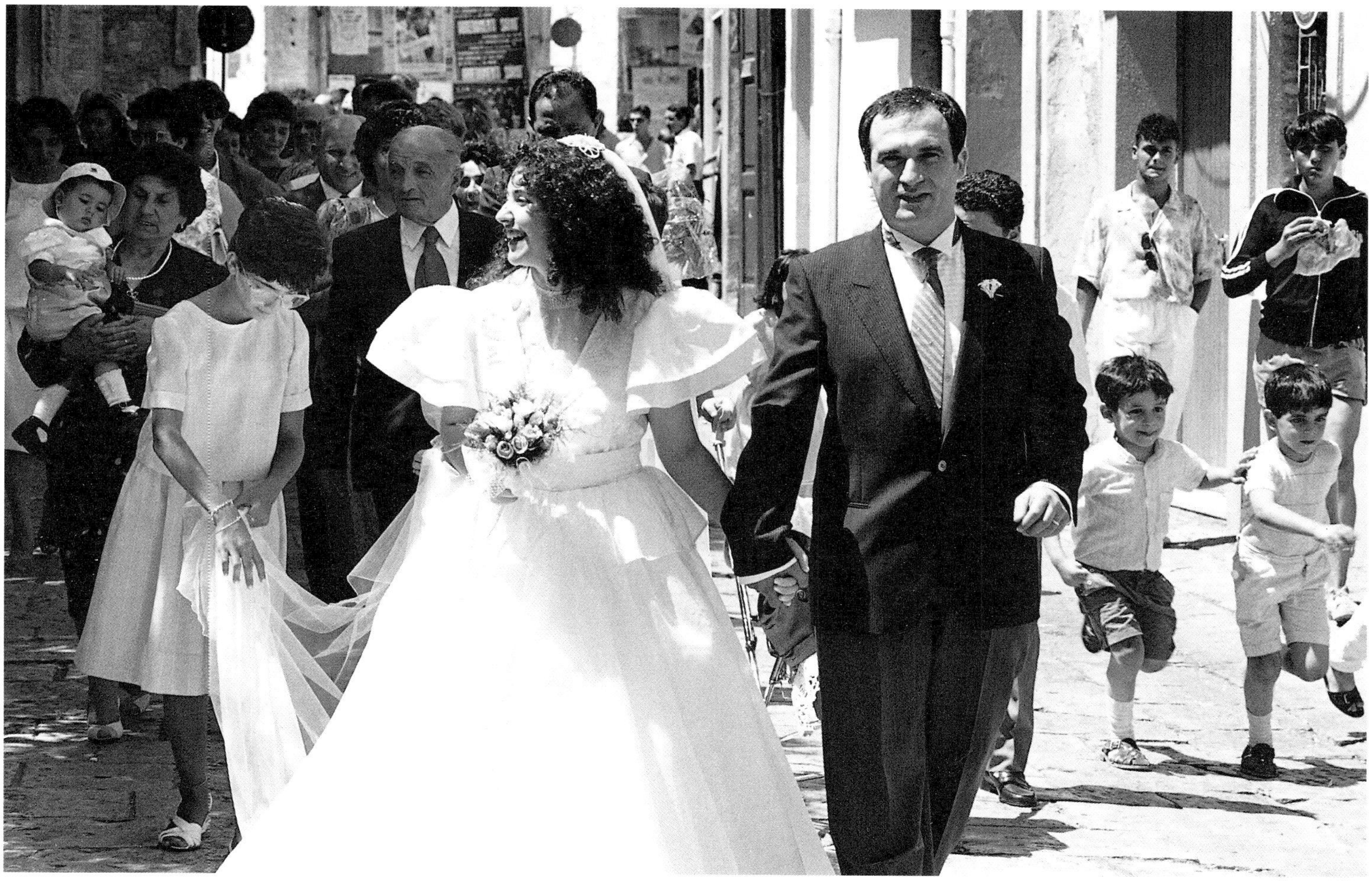

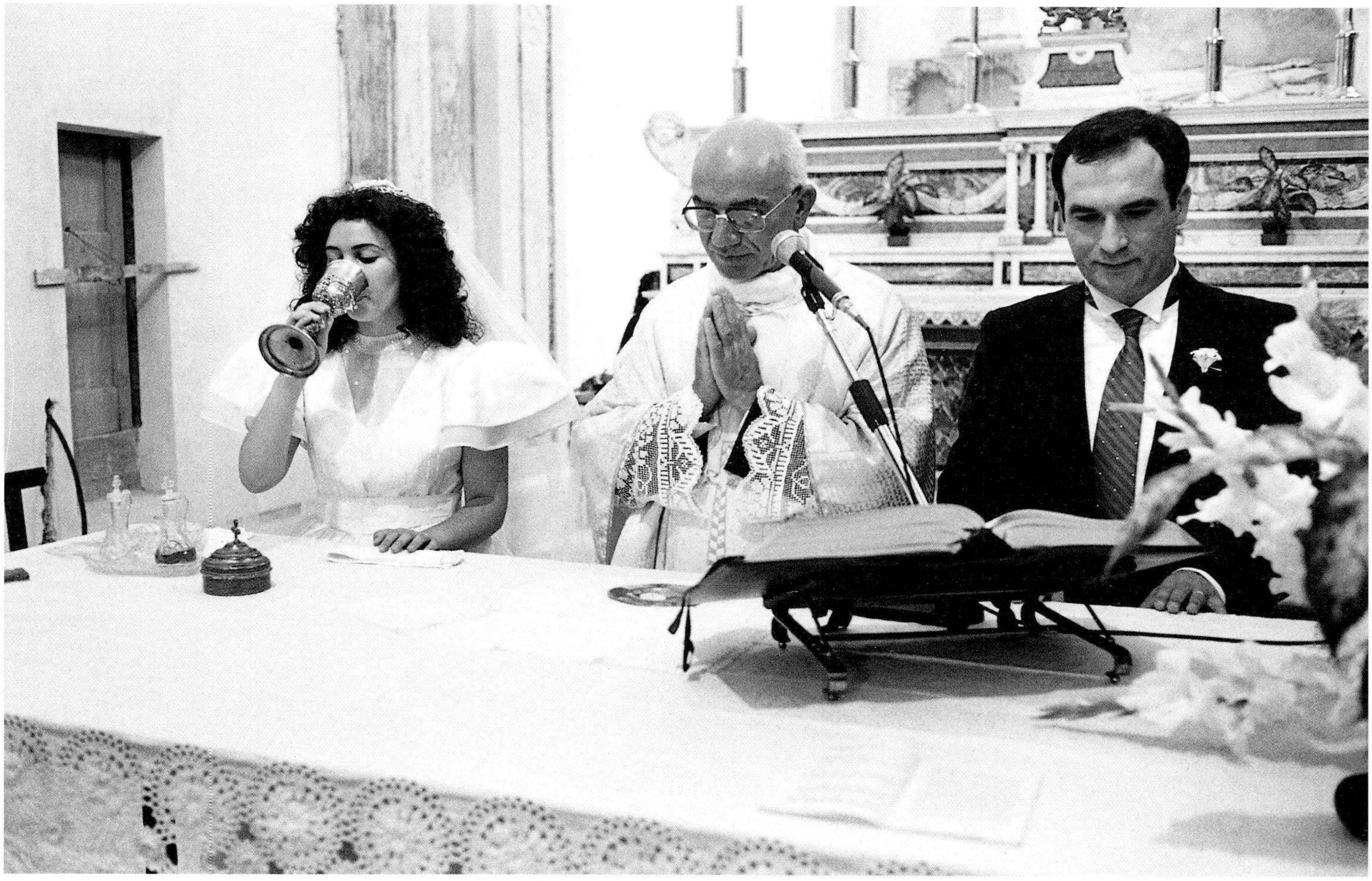

Il giuocco del cappelletto, «Hütchenspiel» der Straßenjungen.

seinen Atem aus den Bildern, den Vorhängen, dem Bügeleisen, den reifen Früchten, ich fühlte den Atem all dieser Dinge, einen tiefen, keuchenden Atem.

An den ersten warmen Tagen trauen sich die Leute wieder auf die Straßen. Die Handwerker (die paar, die es noch gibt) kommen mit ihren Werkzeugen ins Freie. Ich fahre mit meinem treuen Fahrrad herum; es steuert wie von selbst eine abschüssige Gasse hinab. Auf einem breiten Treppenabsatz hocken einige Mädchen und sticken. Kaum bin ich vom Rad gestiegen und herangetreten, kommt aus dem Haus ihre Meisterin geschossen, sie paßt auf wie eine Glucke, der die Küken davonlaufen wollen. Wir schließen aber gleich Freundschaft, die Worte ergeben sich von selbst, denn die Meisterin ist ganz sympathisch und schwatzhaft. Sie tut ihre Arbeit seit Jahren, sie wird von der Mutter an die Tochter weitervermittelt. Jetzt hat sie aber nur noch wenig Lehrlinge; früher, als die «Werkstatt» blühte, waren gut fünfzig Mädchen bei ihr, denen sie diese Kunstfertigkeit beibrachte. Die meisten davon lernen all das nur für den Hausgebrauch, um sich die Aussteuer selbst zu nähen; das kommt dann billiger. Einige ihrer ehemaligen Schülerinnen haben aber auch eine Werkstätte oder einen Laden aufgemacht. Trotzdem ist die Meisterin ein wenig traurig, denn sie hätte gerne einmal eine gehabt, die besser als sie selbst ist und die sie zu höherer Kunstfertigkeit hätte anhalten können.

Seite 196: Traditionelle Berufe. Oben links: Venditore di ciambelle, der Brezelverkäufer. Oben rechts: Venditore di setacci, der Siebeverkäufer. Unten links: Impagliatrice de Sede, die Stuhlflechterin. Unten rechts: Ciabattini, Schuhflicker.

Sie schimpft über den Ausdruck «Hausfrau», sie meint, die Frauen, die heute zu Hause arbeiten, könnten sich nicht wirklich als Hausfrauen bezeichnen. Was sind denn das für Hausfrauen, die nicht einmal stricken können, kein Hemd nähen, kein Deckchen sticken können! Darum, meint sie, geht die italienische Wirtschaft heute vor die Hunde, weil die Hausfrauen heute nichts können und nichts tun wollen. «Heute sind die Frauen wie von einer fixen Idee besessen, sie wollen immer herumflanieren; wenn sie nicht herausdürfen, fühlen sie sich als Sklaven der Männer. Da hast du es. Die Gleichberechtigung ist bis zu einem

bestimmten Punkt sinnvoll: natürlich muß der Mann mehr Respekt vor der Frau haben; aber es ist auch nicht recht, wenn sie über ihm steht. Als meine Mutter noch lebte, hatten wir bis zu fünfzig Mädchen hier, und es war auch nicht einfach, alle bei der Stange zu halten. Man mußte da viel organisieren. Wir konnten die Lehrlinge gar nicht in einem einzigen Raum unterbringen, darum haben wir sie auf drei Säle verteilt, nach dem Alter getrennt: in den ersten schickten wir die ganz Kleinen, in den zweiten die Halbwüchsigen und in den dritten die Großen. Meine Mutter nahm sich besonders der ganz Kleinen an, denn da muß man die ganze Kunst von Anfang an lehren; das ist sehr schwierig. Sie brachte ihnen zuerst die einfachen Stiche bei, dann die Kreuzstiche, den Hexenstich, den Schlingstich, die einfachen Arbeiten also, damit sie die Hände gebrauchen lernten. Sie eigneten sich schon als kleine Kinder die einfachen Stiche an, benutzten den Fingerhut, fädelten die Nadel ein; wenn sie die ersten Klippen überwunden hatten, kamen sie dann natürlich in das mittlere Zimmer, bekamen wichtigere Arbeiten, die mehr Geschicklichkeit verlangen. Im ersten Raum war immer meine Mutter, denn sie war die älteste, erfahrenste und auch die geduldigste von allen; sie zog die Mädchen auch einmal an den Haaren und war recht energisch. Bei meiner Mutter mußte man einfach lernen, sie zerrte einen an den Haaren und schopfte alle ohne Rücksicht; wenn die Schülerin beim ersten Mal nicht kapierte, setzte es beim zweiten und dritten Mal schon etwas. Meine Mutter wußte, was man tun mußte, sie brachte die Kinder zum Weinen, und wenn alles umsonst war, schickte sie sie nach einiger Zeit einfach weg. Den Eltern sagte sie, sie sollen sie wieder zu sich nehmen, ihre Tochter sei zu blöd, es sei besser, wenn sie Teller waschen oder Boden putzen würde. Es war umsonst, wenn die Eltern bettelten, Geschenke brachten, mehr Geld gaben oder Eier, Käse, Öl und Wein anschleppten: sie sagte klipp und klar, daß die Tochter weder Willen noch Begabung habe. Wir waren wie eine große Familie. Die Mädchen kamen am Morgen zwischen acht und halb neun. Meine Mutter und ich standen

schon früher auf, um die Arbeit für die Mädchen vorzubereiten und den gesamten Tageslauf zu planen. Ach wie früh mußten wir aufstehen! Aber am Abend warst du dann auch zufrieden. Während des Tages arbeitete man, scherzte, hörte Radio, sang dazu. Dann unternahmen wir auch Spaziergänge. Im Frühling ging man in das Wäldchen, dann meist auch einmal im Jahr ins Nachbardorf, nach Bitetto, besuchte die Kirche des heiligen Jakob. Diesen Ausflug machen wir heute immer noch, dabei nehmen wir zum Vesper Brötchen, ein paar Süßigkeiten und Früchte mit.»

Während ich mit der Sticklehrerin sprach, kam eine andere Frau in mittleren Jahren dazu. Sie arbeitet hier bei den jüngsten Schülerinnen mit, denn sie erstellt die Aussteuer mit ihrer Tochter, die eine gute Partie werden soll. Sie sagt mir: Die meisten Mädchen wollen heute keine bestickten Bettücher mehr. Ein besticktes Leintuch macht viel mehr Mühe, man muß es sorgfältig waschen und bügeln, und wenn man nicht genau aufpaßt, wird nur noch ein Lumpen daraus. Heutzutage kaufen sie Bettücher von der Stange, mit aufgedruckten Blumenmustern, da braucht man nur ein wenig Waschmittel in warmem Wasser, und dann werden sie am Balkon zum Trocknen aufgehängt. Sie trocknen auch sofort, denn sie sind aus Terital gemacht, einer leichten Faser; aber dann legt man sie so ins Bett, fade, ohne Duft, unpersönlich. Früher, wenn die Bettücher aus der Wäsche kamen, dufteten sie, dufteten nach Sauberkeit, nach Lauge, nach Lorbeer. Man legte sich voller Freude hinein, es war eine wirkliche Befriedigung. Aber alleine schon das Waschen war äußerst mühsam. Zuallererst mußte man die Lauge bereiten, man gewann sie aus Asche, die in Wasser gekocht wurde. Die Asche wurde schließlich im Feuer noch einmal geröstet, damit sie schneeweiß war, danach wurde sie gesiebt. In das kochende Wasser gab man außer der Asche auch leicht angebräunte Lorbeerblätter. Die Wäsche wurde vorher mit Wasser und Seife durchgewalkt, dann in einen entsprechenden Tonbottich gegeben. Schicht für Schicht legte man alles vorsichtig hinein, die

Ränder wurden mit sauberen Lappen abgedeckt, damit die Enden der Wäsche nicht durch die Berührung mit dem Bottich schmutzig wurden. Obenauf kamen die besonders empfindlichen Teile, Seide, weiße Herrenhemden, dann folgten von oben nach unten die weniger wertvollen Stücke und ganz unten gab man die einfachen Dinge hinein, die Gebrauchswäsche und die intimen Sachen, die Po-Tücher (es gab ja noch kein Klopapier, und an der Wand hing damals noch ein Lappen, den alle Familienmitglieder benutzten).

Ganz zuoberst über die gesamte Wäsche legte man eine besonders dichte und feste Decke, die als Filter diente. Wenn man die Lauge nun dazugab, sickerte die durch die Decke, aber die Asche ging nicht mit durch. Während der Nacht sank die Lauge langsam nieder und reinigte die Wäsche. Unten in dem Bottich war ein Hahn angebracht, und so konnte man die Lauge wieder gewinnen, denn sie wurde noch anderweitig gebraucht: für farbige Wäsche, und schließlich auch als Shampoo für die Haare der Mädchen.

Die Kirschenschwemme ist da. Modugno ist ein wichtiger Kirschenmarkt; an zwei Stellen wird engros gehandelt. Es gibt eine große Waage aus Holz, dahinter sitzt der Zahlmeister an einem kleinen Tisch, über sich einen Schirm. Keuchend und schwitzend kommen die Bauern vom Land daher: der eine mit dem Pferd, andere mit dem Auto, einige mit dem Motorroller, mit einem Lieferwägelchen, manche auch zu Fuß. Sie legen ihre Waren auf die Erde und warten, die Hände am Rücken verschränkt, daß der Makler den Preis nennt. Oft tun sich die Käufer zusammen, um den Preis niedrig zu halten, und dann hört man die Bauern mit finsteren Blicken allerlei vor sich hinbrummen. Der Makler skandiert: fünfhundert, fünfhundertfünfzehn, fünfhundertfünfundzwanzig, sechshundert, sechshundert zum ersten, sechshundert zum zweiten, sechshundert zum dritten, fertig, ab zur Waage. Ein paar Alte halten sich den ganzen Tag in diesem Getümmel auf, für sie ist das ein Zeitvertreib, wie im Theater. Auf einmal kommt ein Bursche mit einer besonders schwarzen, verdreckten und verrosteten Lambretta an, er ist um die dreißig Jahre alt. Auf dem Fußrost des Rollers hat er einen Sack Miesmuscheln stehen. Am Lenker hängen drei oder vier Tüten, da wirft er die Schalen rein. Der Makler hört bei den Kirschen auf, geht zu dem Burschen mit den Muscheln (gute Muscheln, Muscheln aus Tarent!) und läßt sich ein Dutzend herrichten; der Muschelhändler steht dazu gar nicht erst von seiner schwarzen, verdreckten Lambretta auf, er putzt die Muscheln schnell mit einem Federmesser und gibt sie dem Makler, der nimmt eine davon, hebt sie hoch und läßt sie ein paarmal in der Luft baumeln wie Hoden, dann schiebt er sie schlürfend in den Mund. Nach kurzer Zeit fährt der fliegende Händler mit seiner Lambretta wieder davon – die Tüten gefüllt mit leeren Muschelschalen.

Man nennt es «Die Welt»; es ist die wichtigste religiöse Feierlichkeit des ganzen Jahres. Sie beginnt Karfreitag, da werden die schweren Statuen der Heiligen in einer Prozession umhergetragen – Tonnen von Pappmaché, von Gips, von Lumpen. Insgesamt gibt es dreizehn Statuen, soviel wie Mysterien, dazu noch eine weitere Statue, die vierzehnte, darin befindet sich eine Urne mit dem «Heiligen Holz», einem winzig kleinen Splitter des großen Holzkreuzes, an dem Jesus Christus starb. Als man das Kreuz abbaute, haben die großen Kirchen der Welt die Splitter untereinander aufgeteilt.

Die Statuen gehören nicht den Priestern oder den Kirchen, sondern Privatleuten oder Gemeinschaften, und ihr Besitz vererbt sich vom Vater auf den Sohn. Die Statuen sind stets in den entsprechenden Häusern aufgestellt, nur einmal im Jahr dürfen sie heraus. Die Mitglieder der Gemeinschaften steuern alle etwas bei und bestreiten davon die Ausgaben. Eine Woche vor der Prozession werden die Statuen hergerichtet, abgestaubt, repariert, mit Lampen geschmückt.

Die Prozession dauert etwa fünf Stunden und endet um Mitternacht; sie zieht durch die wichtigsten Straßen des Ortes. Die Gemeinschaftsmitglieder müssen sich um alles kümmern;

200   *Fortsetzung Seite 213*   *Legenden zu den Bildern 116 bis 127 Seite 167*

119

120

121

122

123

124

sie schmücken die Statuen und tragen sie während der Prozession auf den Schultern. Die Prozession bewegt sich langsam vorwärts, jede Statue wird flankiert von ihren Gemeinschaftsmitgliedern oder Besitzern, die sie abwechselnd tragen. Ab und zu wird angehalten, man muß verschnaufen, und dafür sind Eisenständer vorgesehen, die die Statuen in den Pausen halten. Die Männer, die die Statuen tragen, müssen etwa gleichgroß sein, damit der Heilige einigermaßen waagerecht und im Gleichgewicht bleibt, denn sonst fällt er herunter und alles geht zu Bruch. Zum Schluß, am Abend, feiert jede Gruppe das Ereignis und die überstandene Anstrengung mit einem prächtigen Festmahl, das man «Zwiebeltaschenessen» nennt – Teigwaren mit Fisch, verschiedene Beilagen und einfacher Wein.

Bei dieser Gelegenheit machen viele Jungen ihre ersten Schritte in die Welt der Erwachsenen. Wenn sie diese schweren Pappmaché-Heiligen herumtragen, heißt das ja, daß sie schon kräftige Muskeln haben, und die Mädchen an den Straßenrändern bewundern sie, machen anzügliche Bemerkungen über die Durchhaltekraft und haben schmutzige Hintergedanken.

Eine solche Fürsorglichkeit und Zärtlichkeit wie der Barbier läßt dir sonst kaum jemand zukommen, weder jemand aus der Familie, noch der Arzt, auch nicht dein Freund. Du trittst ein und bist seiner Gnade ausgeliefert. Die Barbiere im Süden sind die besten Italiens, ihr Beruf ist heilig, eine göttliche Sendung. Sie heißen dich in einem monumentalen Sessel Platz nehmen (ein paar Salons im Süden haben die jetzt auch schon), und dann bist du ganz in ihren Händen: sie streicheln dich, sie liebkosen dich, sie kneifen dich und bearbeiten dein Gesicht wie den Teig, aus dem man Brot macht. Sie trocknen dich ab, sie pudern dich, massieren dich, sie glätten dir die Haut.

Zum Rasieren benutzen die Barbiere jetzt eine Klinge; früher hatten sie ein Rasiermesser, das sie immer wieder an einem Wetzstein schärften und dann, um den Schnitt etwas weniger hart zu machen, über einen Lederstreifen zogen, der an der Wand hing. Dieser Streifen hieß «Straps». Früher bestürmten Eltern die Barbiere – wie auch die anderen Handwerker –, sie sollten doch ihre Söhne annehmen und ihnen die Kunst beibringen, damit sie von der Straße wegkamen. Der Vater forderte dafür keinerlei Lohn, und der Barbier dachte auch nicht daran, einen zu geben; der Junge kam mit leeren Händen heim, von Kopf bis Fuß voller Haare. Heutzutage bekommt der Junge schon von Anfang an etwas Geld, so zwei- bis dreitausend Lire die Woche muß man ihm schon geben. Zuerst muß er seine Lehrzeit durchmachen: das beginnt mit dem Sauberfegen, er muß die heruntergefallenen Haare zusammenkehren (die werden an den Perückenmacher verkauft), die Schultern der Kunden säubern, die Handtücher reichen. Auch außer Hauses hat er allerhand zu tun, Geldscheine wechseln gehen, und wenn im Haus das Wasser knapp wird, muß er dafür sorgen, daß immer eine Flasche mit frischem Wasser für den Meister zur Hand ist. Dann lernt der Junge Einseifen, Rasieren, Haarewaschen, Haaretrocknen mit der Hand, Formgeben mit der Bürste. Das beginnt zuerst mit den Nackenhaaren, dann behandelt er Stück für Stück den ganzen Kopf. Erst dann darf er an den eigentlichen Haarschnitt ran; zunächst bei den Kindern, am Ende auch bei den Erwachsenen. Dann endlich hat er ausgelernt.

Es ist, als wäre die Zeit vor zwei oder drei Jahrhunderten stehengeblieben. Draußen trocknen an der Sonne auf Holzrosten Krüge, Tontöpfe, Humpen, Teller in allen Größen und eine besonders schöne Serie von Gefäßen aus Terracotta, dickbäuchig wie eine Gans, man nennt sie hier die «vollgefressenen». Diese unförmigen Gefäße werden von den Bauern vor allem zum Aufbewahren von frischem Wasser benutzt, wenn sie den ganzen Tag auf dem Feld bleiben müssen. Sie legen den Topf dann in ein Gesträuch oder unter einen großen Olivenbaum, und wenn sie dann Durst haben, ist immer frisches Wasser da. Tongefäße atmen von Natur aus, scheiden Feuchtigkeit aus, und auf diese Weise behält das Wasser die Quelltemperatur bei. Am Hals des Topfes sind zwei feste Griffe angebracht. Man kann beide

benutzen, wenn man trinkt, aber es ist üblich, daß man nur mit einer Hand trinkt und der Bequemlichkeit halber den Tonkrug auf den Arm nimmt.

Das Innere der Werkstatt ist dunkel, man unterscheidet kaum die Schatten, die geschäftig mit dem Ton hantieren. Die runde Form bekommt der Ton durch eine ganz alte und einfache Maschine: die Töpferscheibe. Sie besteht aus einem Holzteller, der mit großer Kraft durch ein mit ihm verbundenes Zahnrad angetrieben wird, das seinerseits mit den Beinen in Schwung gebracht wird. Der Fuß tritt ein Pedal, und dadurch wird eine Reihe von Zahnrädern bewegt; diese übertragen den Schwung auf den Holzteller, der etwa fünfundsechzig bis siebzig Zentimeter Durchmesser hat. Die Drehung des Tellers bewegt den Ton, der unter dem Druck der Hände die gewünschte Form annimmt.

Es ist dies ein uraltes Handwerk; nur die Arbeitstechniken sind hier und dort verändert worden. Manch einer ist jetzt mechanisiert und hat nun einen elektrischen Motor.

Du liegst unter einer Mauer oder einem Strauch und genießt den weichen, bebenden Körper eines Mädchens und sie erfreut sich an dir, da treffen dich plötzlich ganze Salven von Steinen. Kleine Jungen bewerfen dich, du denkst erst, es ist der Wind, dann wirst du von Ladungen wie aus einem Maschinengewehr überschüttet. Manchmal lauern sie dir richtiggehend auf, decken dich mit ganzen Bergen ein, genug, um einen damit umzubringen. Als es noch keine Autos gab, mußte man ein paar Stunden vor einer Verabredung schon Geländeaufklärung betreiben, um einen ruhigen Platz zu finden. Die beliebtesten Orte waren oft schon besetzt, mitunter auch durch die kleinen Brüder der jungen Liebenden: die bekamen dafür zehn Lire für ein Eis, eine Handvoll Kichererbsen oder geröstete Bohnen. Die besten Plätze aber lagen im Ort selbst, nur ein paar Schritte von zu Hause entfernt: die Baustellen neuer Häuser. Durch eine Bresche im Baugerüst drang man ein und wurde von den weiten, leeren Räumen

214

verschluckt, die nach Tuffstein rochen, nach Kalk, nach Zement und Mörtel. Oft genug trat man mit dem Fuß in den angemachten Beton des Maurers hinein und machte sich von Kopf bis Fuß dreckig. Ruhe hatten die armen Liebenden aber auch da nicht. Manche Pärchen wurden von Banden jugendlicher Rotzlöffel überfallen, und die hauten nicht eher ab, als bis man den Rock des Mädchens hochgehoben und ihr Geschlecht hergezeigt hatte.

Man kriegte dabei einen solchen Schrecken, daß man eiligst nach Hause rannte («je-je-jeder in sein Haus, je-je-jeder in sein Haus!»). Und man mußte noch zufrieden und dankbar sein, daß es so abgegangen war, denn so manche Knutscherei endete mit Tränen und Kopfverletzungen. Wenn man den Burschen entkommen konnte, fiel man meist noch in ein tiefes Loch; wenn man das vermeiden konnte, tappte man mit dem Fuß in einen Scheißhaufen, und wenn man auch den noch umgangen hatte, lief man meist in ein Rudel Hunde hinein oder in den Rohrstock des Hausherrn.

Gelbe Blätter und faule Früchte fallen zur Erde, umschwirrt von Fliegenschwärmen. Wie ein umherirrender Hund geht man übers Feld, man riecht den Herbst. Gerade sind wir in der Nähe eines verlassenen Landhauses. Es ist riesig, still, verzaubert, seine Front fast ganz bedeckt mit violetten Klettergewächsen, am Eingang steht auf lateinisch geschrieben «Kleines Haus, große Ruhe». Oben ist eine Sonnenuhr angebracht, seitwärts führt eine Türe in einen märchenhaften, verlassenen Garten mit Orangen-, Zitronen-, Mandarinen- und Khakibäumen. Hohe Mauern umgeben die Bäume. Die Kletterpflanzen sind schon durch die Türen und Fenster in die Zimmer eingedrungen, brechen die Mauern auf, wachsen über den Fußboden, umranken die Fresken an den Decken, auf der Erde rollen leere Fläschchen herum: Flacons gegen Haarausfall, für schönes Gesicht, gegen Erschöpfung... Obwohl schon Oktober ist, finden wir noch Obst an den Bäumen: kleine, besonders süße Feigen,

Granatäpfel mit offenem Maul und roten Zähnen, leuchtend gelbe Quitten, braune Vogelbeeren, trockene Weintrauben.

Am Rand des Feldes beschlägt ein Schmied im Schatten eines alten Hauses und einiger Olivenbäume ein Maultier. Der Besitzer des Maultieres hilft ihm, hält den Fuß des Tieres ausgestreckt vor der Brust, während der Schmied das Hufeisen mit großen Nägeln festmacht, die ohne Mitleid in den Huf eindringen.

Wir haben jetzt die Provinz Bari verlassen und sind im bezaubernden Lukanien. Es ist wie auf einem anderen Planeten, geheimnisvoll und mysteriös. Aus der braungetönten Landschaft taucht hin und wieder ein Raubvogel auf, ein Falke, oder der langsame Bummelzug der kalabrisch-lukanischen Eisenbahn mit nur einem Waggon.

September: Zarter Duft von wer weiß welchen Blumen, welchem Baum. Der riesige Johannisbrotbaum ist voller duftender kleiner Blüten, die neben den dunklen, langen, knorrigen Früchten sprießen. Die gelben Krokusse sind da, die Zyklamen. Starrsinnig steckt eine große Wespe ihren Rüssel in den Stamm eines Olivenbaumes, ihre Flügel und ihr Rücken blitzen golden in der honigfarbenen Sonne. Eine Sonne, die hinter den Johannisbrotbäumen versinkt. Wir sind nahe den Häusern am Dorfrand; zwei Jungen bestürmen ein Mädchen und wollen einen Kuß. Sie bückt sich, um dem einen zu entkommen, der sie an sich drückt und seinen roten Mund spitzt. So gelingt es dem andern, sie zu küssen, denn das Mädchen hat dabei den Kopf zur Seite gedreht. Weiter unten weint ein kleines Mädchen heftig. Merkwürdig, heutzutage Kinder noch auf der Straße, im Freien weinen zu sehen. Denn heute geschieht ja alles im Inneren der Häuser. Früher war das ganz üblich: Man bekam seine Prügel auf der Straße, und man weinte auf der Straße. Große Tränen im Staub der Straße, die damals noch nicht asphaltiert waren.

Der September hat Regen gebracht. Regengüsse – so dicht, daß man kaum zehn Meter weit sieht. Man kann kaum die Bäume voneinander unterscheiden, über ihren Kronen wütet das Unwetter, treibt den Regen hindurch wie einen weißen Nebel. Unter den Mandel- und Olivenbäumen wird das Erdreich zu einer Seelandschaft mit unzähligen Pfützen. Wir haben uns in ein verlassenes Landhaus geflüchtet, das Wasser strömt an allen Ecken und Enden herein, es läuft die grünen Wände herab, versickert im Staub.

Voller Spaß laufen wir die herbstlichen Feldwege entlang. Ganz plötzlich bricht die Nacht herein. Wir zünden einen alten Autoreifen an. Er beleuchtet gut zehn Meter ringsum alles: Bäume, Erdschollen, Gras, Weinstöcke, Erdbeerbäume. Wir lassen den Reifen einen Abhang hinunterrollen und laufen hinterher. Wo er am Felsen entlangstreift, leuchten feurige Tupfen im Abendlicht auf.

Wir finden wilde Zichorien, vielerlei Sorten . . . Der Sack ist bald voll, denn in den letzten Tagen hat es viel geregnet. Die Erde ist feucht, dunkel, sämig, gut durchgepflügt und geeggt. Die Sonne steht vor uns, im Gegenlicht vibrieren dünne Grasbüschel, wie Spinnennetze, sie heben sich kaum von den Erdfurchen ab. Die Erde ist braun, kräftig, voller Duft. Wir pflücken von den «Ohren» der Kakteen die schmackhaften Früchte.

Diamante, in der Provinz Cosenza, direkt am Meer, ein riesiges Meer, unvorstellbar, mächtig. Im Ortsinneren Gärten und Anlagen: das ist unsere Erde! Vom Balkon Francescos aus sehe ich Hunde, Katzen und Kinder, die kühn nacheinander auf den Mauern, auf den Stalldächern herumlaufen, mit voller Wucht in die Gärten springen. Sie schwingen sich auf die Wipfel der Orangen-, Dattelpflaumen- und Mandarinenbäume. In der Ferne brodelt das Meer, unten links der schnelle, ewige, lebhafte Fluß. Hinter uns verschwommen die Berge, bräunlich und nebelverhangen. Viele Leute, allzu viele, haben diese lebendige Welt verlassen und sich in einer Baracke in Belgien oder Deutschland begraben.

Behutsame Pflege eines betagten «olivo». Apulische Landarbeiter beschneiden einen Ölbaum.

216

SÜDITALIEN

In der Landkarte des südlichen Teils Italiens sind die Orte
verzeichnet, die in Kampanien, in der Basilicata, in Apulien und Kalabrien historisch und kunstgeschichtlich von
Bedeutung sind. Sie bezieht sich auf die Essays des
Bandes, vor allem auf Ausführungen im Kunstkapitel von
Bene Benedikt. Die Städte und historischen Stätten wurden mit epochengeschichtlichen Symbolen versehen,
um im Überblick die zeitliche Einordnung der geschicht-
lichen Hauptzeugnisse zu ermöglichen.

Erklärung der Bildsymbole:

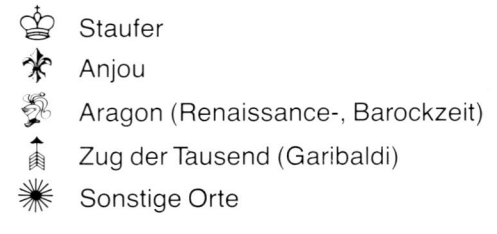

Vorgeschichte		Staufer	
Griechen		Anjou	
Römer		Aragon (Renaissance-, Barockzeit)	
Langobarden		Zug der Tausend (Garibaldi)	
Byzanz		Sonstige Orte	
Normannen			

MOLISE

ADRIA

⚑⚒ Monte S. Angelo ●
⚓ ● Manfredónia ●

⚒ ⚚ Lucera

■ ⚓ POGGIA

⚒ Cannae ●
⚓ BARLETTA ■
⚒ ⚓ ⚒ Canosa ● Trani ⚒ ● ⚓ Biscéclie
⚓ ● ⚓ MOLFETTA
⚓ ANDRIA ⚓ ● Terlizzi ■
⚓ Corato ⚓ Bitonto ■
● Ruvo di P. ⚓ ⚒ ⚓ BARI

ino

● ⚒ Vairano
⚒ Teano
⚒ Sessa
⚒ ⚓ ⚒ Capua
BENEVENTO
⚒ ⚚ ⚒ ● ⚓ Melfi
S. Ágata dei Goti
⚒ Caserta
⚓ Aversa

KAMPANIEN

⚓ Palazzo S. Gervasio
⚒ ⚒ ⚒ Venosa
⚓ Gravina
● Altamura
● Gióia d. Colle

APULIEN

Pozzuoli
Bacoli
Procida
Ischia
■ NAPOLI
⚓ Portici
⚒ Pompeji
Nocera
⚒ ⚒ SALERNO
⚓ Armalfi
⚒ Eboli
Sorrento

BASILICATA

● Potenza

⚒ ⚓ BRINDISI ■

■ Paestum
Sale
⚒ Sala Consilina
⚓ Agropoli
⚒ Padula
● Metaponto
Heraclea ●

● ⚒ Oria

■ ⚓ TARANTO
⚓ ⚚ LECCE ■

RHENISCHES MEER

⚒ Velia
⚒ Sapri
C. Palinuro ●

● Nardo
⚒ ⚓ Otranto ●
Gallipoli

⚒ Rotonda

● ● Mormanno
(Grotta del Romito)
● ⚒ Scalea
⚒ Castrovillari

GOLF VON TARENT

⚒ Spezzano
Albanese
⚒ Thurii
⚓ Santa Maria
del Patire
✝ Rossano

KALABRIEN

■ ⚒ ⚒ COSENZA

● ⚒ Rogliano

Amantea ●
● ⚒ Soveria
Mannelli
⚒ Tiriolo ●
✝ Crotone ●
(Hera-Lacinia-Tempel)
CATANZARO
le Castella ●
■ ⚒ C. Colonna

IONISCHES MEER

⚒ Maida

⚒ Äolische oder Liparische Inseln

● ⚒ Tropea
⚒ Nicótera
✝ Stilo ●
⚒ Riace Marina
⚒ Palmi
✝ Gerace ●
⚒ Locri

● Lipari

⚒ Milazzo ●
⚒ MESSINA
■ ⚒ ⚓ REGGIO
⚒ Melito

SIZILIEN

⚒ Naxos

Register

Kursive Ziffern verweisen auf Bildlegenden.

Sachregister

Bild- und Quellennachweis

Bildarchiv Bucher, München: Vorsatz, Hintersatz, S. 7, 8, 9, 10, 11, 12, 13, 29, 54, 55, 56, 57, 86, 87, 106, 107, 108, 109, 158, 159, 160, 196, 197.
Bildarchiv Preußischer Kulturbesitz, Berlin: S. 137.
Privates Archiv für Filmkunde, Köln: S. 164, 165.
Staatliches Italienisches Fremdenverkehrsamt ENIT, München: S. 26.
Stiftung Deutsche Kinemathek, Berlin: S. 162, 163.
Die Karte auf Seite 218/219 zeichnete Werner Poll, Putzbrunn.
Alle übrigen Abbildungen stammen von Martin Thomas.
Martin Thomas photographiert mit Minolta-Kameras und -Objektiven auf Kodak-Filmmaterial.

Ingeborg Bachmann. Aus: «Zur Entstehung des Titels ‹In Apulien›». In: *Werke, Band 4.* Piper Verlag, München 1978.
Ernst Bloch: Aus: «Italien und die Porosität». In: *Literarische Aufsätze.* Suhrkamp Verlag, Frankfurt am Main 1965.
Alfonso Gatto. In: *Italienische Lyrik der Gegenwart.* Herausgegeben und übersetzt von Franco de Faveri und Regine Wagenknecht. C. H. Beck Verlag, München 1980.
Carlo Levi. In: *Christus kam nur bis Eboli.* Europa Verlag AG, Zürich 1982.